全国职业教育课程改革规划教材

行为规范基础教程

第3版

主　编　范德峰　范秀红
副主编　高莉娜　张晓东
参　编　李国强　葛莎莎　仲晓芳　吴　斌
　　　　刘小建　孟跃兵　赵莉薪　高丽红
主　审　韩军峰　高立明

机械工业出版社

本书根据中高等职业院校教学需求，结合近年来国家有关中高等职业院校学生行为规范教育的文件精神编写而成，是编者创新素质教育教学内容、进行素质教育教改探索的新教材。

全书包括十二个模块，分别是"自尊自爱 注重仪表""真诚友爱 礼貌待人""讲究秩序 勤奋学习""勤劳俭朴 孝敬父母""遵守公德 积极向上""法纪篇""安全篇""榜样篇""就业篇""审美篇""明理篇""读书篇"。

本书内涵丰富，涉及面广，文字简明，插图精美，图文并茂，生动直观，实用性强，有助于理解与接受、练习与实践。本书可作为中高等职业院校职业素质教育相关课程教材，也可用作职业指导人员的参考资料及学生课后学习读本。

图书在版编目（CIP）数据

行为规范基础教程/范德峰，范秀红主编．—3版．—北京：机械工业出版社，2019.7（2024.9重印）

全国职业教育课程改革规划教材

ISBN 978-7-111-63116-3

Ⅰ．①行… Ⅱ．①范… ②范… Ⅲ．①中专生—道德规范—中等专业学校—教材 Ⅳ．①G718.3

中国版本图书馆CIP数据核字（2019）第128937号

机械工业出版社（北京市百万庄大街22号 邮政编码100037）

策划编辑：宋 华　　责任编辑：宋 华

责任校对：陈 越　　封面设计：马精明

责任印制：常天培

固安县铭成印刷有限公司印刷

2024年9月第3版第6次印刷

184mm×260mm・9印张・194千字

标准书号：ISBN 978-7-111-63116-3

定价：29.80元

电话服务　　　　　　　网络服务

客服电话：010-88361066　　机 工 官 网：www.cmpbook.com

　　　　　010-88379833　　机 工 官 博：weibo.com/cmp1952

　　　　　010-68326294　　金 书 网：www.golden-book.com

封底无防伪标均为盗版　机工教育服务网：www.cmpedu.com

教材编写委员会

主　　任　范德峰　高丽红
副 主 任　高莉娜　张晓东
委　　员　孟跃兵　赵莉薪　范秀红　刘小建　胡晋平
　　　　　李国强　仲晓芳　葛莎莎　吴　斌　马运萍

第3版前言

将行为规范作为一门课程纳入课堂教学，是德育教育教学工作的创新与探索，对提高学生素质具有重要意义与作用。

2017年10月党的十九大召开后，国家与社会在改革开放、生活生产等方面发生了新的变化。在新的形势下，修订本教材具有必要性与紧迫性，非常及时。

与第2版相比，本次修订的第3版总结了2014年以来教学使用的经验教训，内容更加丰富全面，必定会对学生有更多的帮助。

本书由范德峰、范秀红任主编；高莉娜、张晓东任副主编；韩军峰、高立明任主审；胡晋平插图。

太原铁路机械学校高莉娜重编了第一、二、三、四、十模块；张晓东重编了第五、六、八模块；李国强编写了第七模块；山西戏剧职业学院招生就业处范秀红编写了第九、十一、十二模块。范德峰统筹、增补、编定。

由于修订时间较短，加之水平有限，不足之处在所难免，欢迎各位专家与读者指正批评，以求该教材内容更完善、质量更高。

编　者

第2版前言

2014年6月，教育部、国家发改委等六部门发布的《现代职业教育体系建设规划（2014—2020年）》在加强职业院校德育工作一节中明确指出，要积极培育和践行社会主义核心价值观，这为德育教学提出了新的要求。为了将要求落到实处，结合2013年教育部对《中等职业学校德育大纲》的修订，我们对《行为规范基础教程》第1版进行了修订。

本书的主要特点是从近年来德育课新的发展形势出发，注重回归生活、贴近学生，从可以着手的小事做起，避免脱离实际，力求在日常行为点滴中培养和塑造学生的高尚人格，使学生不断完善自我，在日常生活与工作中体现道德的力量，增进修养，提高个人素质。这是将行为规范课程纳入课堂教学的创新性探索。

《行为规范基础教程》第1版的出版为中职生行为规范教育发挥了独特的作用，为学校开设行为规范课程奠定了基础。各地用书教师反映此举在规范学生行为这一课题上充分发挥了课堂教学的主渠道作用，效果事半功倍；同学们则通过课堂学习与实践考核，较为系统地规范了日常行为，易学乐学，确有实效，落实了教育部中等职业学校"德育教学应遵循贴近实际、贴近生活、贴近学生"的三贴近原则，对学生成长十分有益。

与《行为规范基础教程》第1版相比，第2版主要思考了如何让学生明白社会主义核心价值观的内涵，尽力在日常行为中贯彻落实国家提出的新要求。除增加了学习材料外，还对篇章结构、模块内容等进行了修改、补充，使得本书结构更加合理，篇章更显充实，以利于学生开阔眼界、身体力行。

本书由范德峰任主编，胡晋平、周慧民任副主编，韩军峰、高立明任主审。

一本高质量的教材需要根据新情况、新变化多次修订，恳望读者予以指正批评，我们会努力做得更好。

编　者

第1版前言

本书以党和国家对中等职业学校素质教育教学有关要求为指导，以日常行为规范为主要内容，从学生顺利成长及社会对学生的实际要求出发，针对职业教育特点及教学实际情况而编写，可供中等职业学校、技工学校及同等程度的培训机构选用。

本书旨在规范学生言行，提高学生素质及修养，促进学生尽快实现社会化，易学易懂，易领会易落实，一经对照便于行动，以期学生完善自我、适应社会、成长进步。

本书由太原铁路机械学校党委书记张志强、副校长陈志江任主审；高级讲师、德育教研室主任范德峰任主编；山西职业技术学院高级讲师贾建雯、太原市第三十九中学周慧民任副主编。统稿工作由范德峰负责完成。具体编写分工为：马运萍、葛莎莎编写第一模块；高丽红、仲晓芳编写第二模块；赵莉薪、胡晋平编写第三模块；孟跃兵、吴斌编写第四模块；范德峰、高莉娜编写第五模块；史磊、宁俊学编写第六模块；王博、张仁、周慧民、刘登霞、李宁编写第七模块；刘潇、王雯、毕超、桑娜、邵磊、董丽、谷琳、胡晋平、张颖、康俊凯、赵彬、尚志鹏、张婧靓、张璐璐、范德峰、王文凤、范晓天、贾建雯、田明元、赵瑾编写第八模块；田斌、王成国、贾荷婷、张玉伟、范德峰、胡子亮编写第九模块；袁龙、周慧民、靳晓林、许东华、范德峰编写第十模块。胡晋平负责插画编图、协助原稿的校对等工作。

由于编者水平有限，缺点与不足在所难免，敬请广大同仁、读者、同学批评指正。

编　者

目 录

第3版前言
第2版前言
第1版前言

第一模块　自尊自爱　注重仪表 1
　　一、学习内容 1
　　二、完善自我练习 3
　　三、情景训练 3
　　四、礼仪小贴士 5
　　五、模块拓展 6
　　六、体悟人生 7

第二模块　真诚友爱　礼貌待人 11
　　一、学习内容 11
　　二、完善自我练习 12
　　三、情景训练 12
　　四、礼仪小贴士 13
　　五、模块拓展 14
　　六、体悟人生 15

第三模块　讲究秩序　勤奋学习 17
　　一、学习内容 17
　　二、完善自我练习 18
　　三、情景训练 18
　　四、礼仪小贴士 22
　　五、模块拓展 22
　　六、体悟人生 23

第四模块　勤劳俭朴　孝敬父母 27
　　一、学习内容 27
　　二、完善自我练习 28
　　三、情景训练 29
　　四、礼仪小贴士 29
　　五、模块拓展 29

六、体悟人生 30

第五模块　遵守公德　积极向上 33
　　一、学习内容 33
　　二、完善自我练习 34
　　三、情景训练 34
　　四、礼仪小贴士 38
　　五、模块拓展 39
　　六、体悟人生 40

第六模块　法纪篇 43
　　一、案例 43
　　二、明辨是非，遵纪守法 45
　　三、学习相关法律 46

第七模块　安全篇 49
　　一、人身与财产安全 49
　　二、交通与消防安全 51
　　三、劳动与生产安全 55

第八模块　榜样篇 59
　　一、有所追求，心存感激 59
　　二、钻研技术，创新改革 61
　　三、积极进取，学以致用 62
　　四、持之以恒，岗位成才 63
　　五、当代愚公，环保英雄 65
　　六、学习先进，有所作为 66

第九模块　就业篇 69
　　一、求职应聘注意事项 69
　　二、在校应聘流程五步 69
　　三、求职应聘成功的关键因素 70
　　四、面试礼仪 70
　　五、优秀员工的基本素质 71
　　六、就业初期常见问题及对策 71

第十模块　审美篇 73
　　一、弹起我心爱的琵琶 73
　　二、中国古典十大名曲 74
　　三、黑白有神韵，方圆是乾坤 77

四、练习书法长精神 78

五、绘画艺术的魅力 80

六、唱起心中的歌 82

七、人生如舞，舞如人生 83

八、让羽毛球飞吧 85

九、影片《袁隆平》观后感 86

十、中国戏曲美在哪里 89

十一、摄影美欣赏要点 92

十二、雕塑的力量 93

十三、建筑凝聚智慧 95

十四、中国高铁像风一样快 96

十五、听广播的时候 98

十六、学英语的快乐 99

十七、在天安门广场看升旗 101

十八、自信是自尊自爱、自立自强的基础 102

十九、保尔，永远的英雄 103

二十、以美储善，以美启真 104

第十一模块　明理篇 107

一、小寓言，大道理 107

二、小故事，大智慧 108

三、小笑话，大顿悟 115

四、小秘诀，大成功 117

五、小诗歌，大志气 119

六、小中见大，规范言行 120

第十二模块　读书篇 123

一、读老舍二题 123

二、读鲁迅四题 125

三、读冰心二题 128

四、安徒生的童真、诗情、哲理 130

五、海明威不能打败的精神 130

六、卡夫卡，犁破现实的伪装 131

七、抄读纪伯伦的《先知》 131

八、杰克·伦敦的《热爱生命》 132

九、斯威夫特：剥掉"文明人"的外衣 133

十、《父与子》里可爱的父亲 133

第一模块 1 自尊自爱 注重仪表

外表的整洁和文雅应当是内心纯洁和美丽的表现。

——别林斯基（俄罗斯文艺评论家）

面必净、发必理、衣必整、纽必结、头容正、肩容平、胸容宽、背容直。气象：勿傲、勿暴、勿怠；颜色：宜和、宜静、宜庄。

——（南开中学门厅箴言）

一、学习内容

（1）坐、立、行走、读书、写字等姿势要端正。

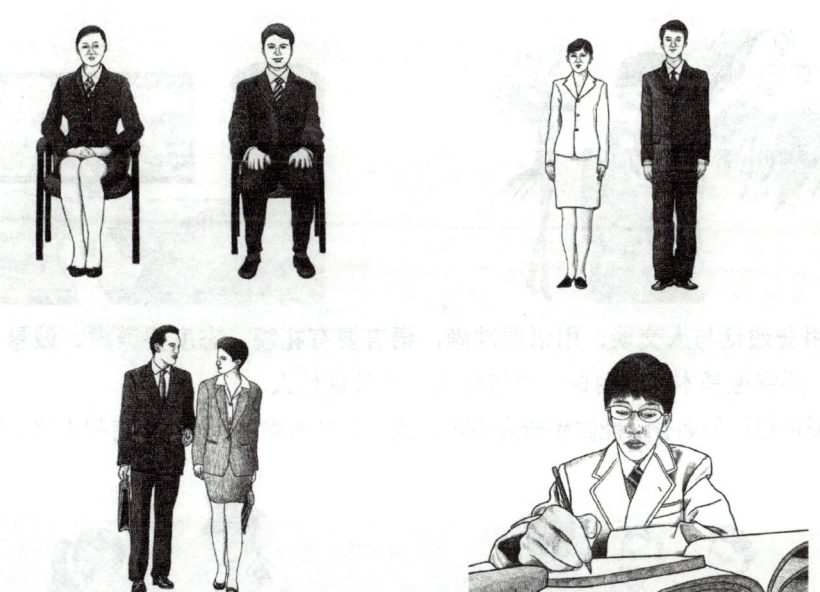

（2）穿戴整洁，朴素大方，不烫发，不染发，不化浓妆、艳妆，不佩戴首饰，男生不留长发，女生不穿高跟鞋。

（3）不穿奇装异服，着装注意场合，选择合适的服装款式及颜色。服装搭配要协调一致。

（4）讲究卫生，养成良好的卫生习惯，不随地吐痰，不乱扔废弃物；不乱倒、乱放、乱踩、乱踏、乱喊、乱叫、乱刻、乱画等；不吸烟，不喝酒。

（5）举止文明，与人为善。不打架斗殴，不说脏话，遇到矛盾冷静处理。不参与赌博、封建迷信、非法传销、聚众滋事等活动。

（6）情趣健康，不看宣扬色情、凶杀、暴力、鬼怪迷信的书刊、音像制品、网页，不听、不唱不健康的歌曲，不沉湎于手机游戏而不能自拔。

（7）用普通话与人交谈，用语要准确，语言要有礼貌，态度要谦虚、诚恳，神态要认真、专注。要掌握基本礼貌用语，平等待人，不歧视他人。

（8）爱惜自己的名誉，能做到拾金不昧，抵制不良诱惑，坚决不做有损人格、国格的事。

二、完善自我练习

通过学习以上内容，对照个人言行，发现以往的不足之处，提出改正措施和努力的方向，以求规范自己的言行、完善自我。

（1）_____

（2）_____

（3）_____

（4）_____

（5）_____

三、情景训练

1. 打招呼

招呼用语表示的是打招呼人与被打招呼人之间的一种交往关系。如果遇到熟人不打招呼，或者别人与你打招呼，你装作没听见，又或者与不熟悉的人打招呼不得体，都是不礼貌的行为。打招呼发生在瞬间，却影响久远。

在打招呼时，我们要做到以下几点：

（1）称呼正确，根据对方的年龄、职业、职务等而定，不乱称呼。

（2）要了解不同民族、国家、地区的文化差异，注意不同的风俗习惯，以求言行得体。

（3）要注意揣测对方的心理。如果看到对方不高兴或遇到伤心事，打招呼时就不要太随便。

（4）打招呼应自然得体，勿一惊一乍。正式场合不开玩笑，一般场合开玩笑应注意分寸。

（5）打招呼要大大方方、表情自然，不要扭捏作态、虚情假意。

现在有几个场景，你来说一说该如何正确打招呼：

（1）在校园中，学生遇到老师该如何打招呼？

（2）在大街上，你需要问路，如何向路过的老大娘打招呼，然后再问路？

（3）在汽车站或火车站，想让别人帮助你抬一下行李，该怎样向陌生人打招呼呢？

2. 接打电话

接打电话在现代社会是一种非常方便、快捷的沟通方式。接打电话更是代表你个人形象的重要窗口，所以接打电话时一定要表现出良好的礼仪风貌。

接打电话时，我们要做到以下几点：

（1）接听电话要及时。一般以铃响两三次拿起话筒或接通手机为最好时机。

（2）通话开始，首先向对方问好，然后再说事情。例如："您好！""请问您找哪位？"

（3）通话时要聚精会神。接打电话时不要与身旁人交谈、看电视、听音频、吃东西、开玩笑等，不宜躺在床上接听或拨打电话。

（4）打电话说事情要主次分明。通话结束要向对方道一声"再见"。

（5）在为他人代接、代转电话的时候，要注意以礼相待，尊重隐私，记忆准确，传达及时。

（6）提防诈骗电话，遇事要冷静，多方核对有关情况后再采取行动，特别是涉及财产、人身安全的电话，更要小心谨慎对待。对自称公、检、法、军、警人员，要注意识别。

（7）用普通话与人交谈，以免因为互相听不懂的方言而引起误会或弄错时间、地点、方式等。说事情要讲清记叙文四要素：时间、地点、人物、事件。

在以下几个场景中，你来说一说该如何正确接打电话：

（1）你拨打电话找人，而要找的人不在。

（2）给帮助过自己的人打电话致谢。

（3）同学之间有了矛盾，打电话商量怎么解决。

3. 自我介绍

自我介绍是向别人展示自己的一种常用的形式。自我介绍的成功与否甚至直接关系到你给别人第一印象的好坏、以后交往顺利与否。同时，自我介绍也是认识自我的一种手段。自我介绍应把个人的特点展示出来。

在自我介绍时，我们要注意以下几点：

（1）要充满自信，态度镇定，切忌慌张。

（2）自我介绍要简洁适当，应讲清自己的姓名、身份、目的、要求等。

（3）如果知道对方还有其他要求，可以根据需要介绍学历、专长、经验、能力、性格、爱好等。

（4）把握好分寸，不要夸夸其谈，尽量不用"最""极""绝对""非常"等字眼。

现在，同学们来到了新的学校、新的班级，遇到了新的同学，一切都是新的，你该怎么让新同学迅速了解你呢？试着来做一下自我介绍吧！

（1）向同学介绍自己，时间控制在两分钟内。

（2）假设你有某项兴趣，向其他有同样兴趣的同学介绍自己，时间控制在两分钟内。

4. 介绍他人

在社会交往中往往需要介绍他人，把张三介绍给李四，把王五介绍给赵六，以便扩大交流、加强合作、解决问题等。

在介绍他人时，我们要注意以下几点：

（1）家里来了客人，一般是女主人当介绍人。如果客人之间彼此不认识，女主人有义务进行简单的介绍，让大家互相了解、彼此认识。

（2）介绍他人时要注意次序问题。比如，介绍男士和女士时，先介绍男士，后介绍女士；介绍晚辈和长辈时，先介绍晚辈，后介绍长辈；介绍上级和下级时，先介绍职位低的，后介绍职位高的；介绍主人和客人时，先介绍主人，后介绍客人。

（3）有时候，宾主双方都不止一个人，先介绍主人，具体应该按照职务高低排序，如先介绍董事长和总经理,然后再介绍部门经理。介绍客人时,也应按照职务高低排序,先介绍职务高的,后介绍职务低的。

根据以下几个场景,你来做介绍人吧!
（1）把自己的老朋友介绍给新朋友。
（2）把一位应邀前来指导大家合唱的专家介绍给大家。
（3）你的一位好朋友来你家做客,把他介绍给你的父母。

四、礼仪小贴士

着装的TPO原则

TPO是指英文Time、Place、Object三个单词的首字母。Time指时间、时代；Place指地点、场合、职位；Object指目的、对象。TPO原则是世界通行的着装打扮的最基本原则。它要求人们的服饰应力求得体,以和谐为美。

根据TPO原则,着装时应注意以下几点：

（1）着装应与自身条件相适应。选择服装首先应该与自己的年龄、身份、体形、肤色、性格和谐统一。年长者、身份地位高者,选择服装款式不宜太新潮,款式简单且面料质地讲究,才与身份、年龄相称。青少年着装应着重体现青春气息,以朴素、整洁为宜,以清新、活泼为最好。若以过分的服饰破坏了青春朝气,实在得不偿失。

形体条件对服装款式的选择有很大影响。身材矮胖、颈粗圆脸形者宜穿深色低V字形领、大U形领套装,浅色高领服装则不适合。而身材瘦长、颈细长、长脸形者宜穿浅色、高领或圆形领服装。方脸形者宜穿小圆领或双翻领服装。身材匀称、形体肤色好的人,着装范围较广。

（2）着装应与职业相协调。着装要与职业相宜,这是不可忽视的原则。工作时间,着装应遵循简洁、实用、端庄、整洁、稳重、美观、和谐的原则,给人以愉悦感和庄重感。工人上班时应当穿工作服,否则可能带来危险。

（3）着装应与场合、环境相适应。正式社交场合,着装宜庄重、大方,不宜过于浮华。参加晚会或喜庆场合,服饰则可明亮些、艳丽些。节假日休闲时间,着装应随意些、轻便些,西装革履则显得拘谨而不适宜。家庭生活中,着休闲装、便装更益于与家人之间沟通感情,营造轻松、愉悦、温馨的氛围。但不能穿睡衣、拖鞋到大街上去购物或散步,那是不雅和失礼的行为。夏季在外穿凉拖,不利于遇到一些情况快走或奔跑。

（4）着装应与交往对象、目的相适应。与外宾、少数民族相处,更要特别尊重他们的习俗禁忌。

总之,着装最基本的原则是体现"和谐美",上下装呼应和谐,饰物与服装色彩相配和谐,与身份、年龄、职业、肤色、体形和谐,与时令、季节环境和谐等。这样才令人舒适,显示一定的文化修养。一味追求名牌或炫富是不可取的。

五、模块拓展

1. 正确的站姿和走姿

站如松：嘴微闭，两眼平视前方；收腰挺胸，腿挺直，两臂自然下垂；两膝相并，脚跟靠拢，脚尖张开约60°，从整体上产生一种精神饱满的感觉，切忌头下垂或上仰、弓背弯腰、歪歪扭扭、流里流气。

行如风：挺胸收腹，目光平视，两手自然下垂，前后摆动，前摆向里约35°，后摆向外约45°，脚尖直指正前方，身体平稳，两肩不要左右晃动。男性要显出阳刚之美，女性要显出阴柔之美。不论男性或女性，切忌八字步、摇摇晃晃、贼眉鼠眼、背手哈腰走路。

2. 穿西装应注意的事项

（1）新西装穿着之前，务必要将位于上衣左袖袖口上的商标、纯羊毛标志等拆除。

（2）要熨烫平整，使西装线条笔直，显得平整而挺括、美观而大方。

（3）要扣好纽扣。穿西装时，双排扣应当全部系上；单排三粒扣则系上边的两粒衣扣，或单系中间的衣扣；单排两粒扣只系第一粒衣扣。

（4）穿着西装要做到不卷不挽。一定要注意保持其原状，不能随意将衣袖、裤管卷起。

（5）要慎穿羊毛衫。在西装上衣之内，除了衬衫与背心之外，最好不要再穿其他任何衣物。非穿不可时，最好穿一件单色薄型的"V"领羊毛衫。背心、马甲、坎肩的材质和颜色通常要与外套相同。注意上下里外颜色搭配，一般不超过三种颜色。

（6）要巧配内衣。西装的标准穿法是衬衫之内不穿棉纺或毛织的背心或内衣。衬衫必须为单一色彩。白色衬衣适应范围广。

（7）要少装东西。西装上衣左侧的外胸袋除可以插入一块用以装饰的真丝手帕外，不应该放钢笔、眼镜等任何物品。

（8）领带与西装要协调。时下人们一般不打领带，但较为重大的场合还是应该打领带的。主持娱乐晚会，领带可以花哨一点。参加重要集会，领带则以单色、重色为宜。

3. 握手的顺序和禁忌

（1）握手的顺序一般为主人、长辈、上司、女士主动先伸出手，客人、晚辈、下属、男士再相迎握手。

在一般的社交场合中仍以女性先伸手为主，除非男性已是祖辈年龄或女性在20岁以下。如果对方忽略了握手礼的先后次序而已经伸出了手，己方应毫不迟疑地回握，不应过于死板。

（2）握手的禁忌

1）不要用左手相握，尤其是和阿拉伯人、印度人打交道时要牢记。

2）不要在握手时戴手套或墨镜。只有女士在社交场合戴着薄纱手套握手，才是被允许的。

3）不要在握手时把另外一只手插在口袋里或拿着东西。

4）不要在握手时面无表情、不置一词或长篇大论、过分客套。

5）不要在握手时仅仅握住对方的手指尖，给人以刻意保持距离的感觉。正确的做法是要握住整个手掌，即使对方是异性，也要这么做。

6）不要在握手时把对方的手拉过来、推过去，或者上下左右抖个没完。

7）不要拒绝和别人握手，即使有手疾或汗湿等特殊情况，也要和对方说一下"对不起，我的手现在不方便"，以免造成不必要的误会。

4. 交谈时应注意的事项

（1）态度要谦虚、诚恳，神态要专注、认真。

（2）要适时回应对方，要兼顾在座的每个人。

（3）不要唱独角戏，交谈时要机智灵活。

（4）不要总用"我"字，不要随意插嘴打断别人。

（5）不谈只有少数人感兴趣的主题。说话有礼貌，用语文明，考虑事情要周到。

六、体悟人生

富强、民主、文明、和谐

党的十八大报告在谈到加强社会主义核心价值体系建设时明确指出："倡导富强、民主、文明、和谐，倡导自由、平等、公正、法治，倡导爱国、敬业、诚信、友善，积极培育和践行社会主义核心价值观。"这"三个倡导"中的12个词、24个字就是我国社会主义核心价值观。怎么理解呢？"富强、民主、文明、和谐"体现了中国特色社会主义的价值目标，是立足国家层面概括出的社会主义核心价值观。

邓小平同志开创的中国特色社会主义现代化建设之路，总体布局就是要在经济、政治、文化、社会和生态文明建设方面取得新的更大的成就。无论哪一种建设，都有一个共同的价值追求。中国共产党在过去曾经把这个共同价值追求表述为"民族独立，人民解放""国家富强，人民幸福"。在社会主义现代化建设时期，我们的主要任务是要通过经济建设、政治建设、文化建设、社会建设和生态文明建设，实现全面建成小康社会和社会主义现代化的宏伟目标，实现中华民族复兴之梦。这个宏伟目标从价值追求角度来说就是要达到"富强、民主、文明、和谐"，即经济上要越来越富强，政治上要越来越民主，文化上要越来越文明，社会和生态上要越来越和谐。"富强、民主、文明、和谐"的核心价值观集中体现了中国特色社会主义现代化的价值目标和价值追求，符合当代中国共产党人和全体中国人民寻求民族复兴的共同愿景，是一个凝聚人心、鼓舞士气、激发活力、振奋精神的价值目标。

职业院校学生不仅要理解这四个词的含义，还要在观念和行动上以此要求自己，在学校学好知识、掌握技能、提高道德水平，今后在工作岗位上为国家创造价值，为父母争光，实现个人美好的理想。

深秋的树梢

北国深秋的树梢上，不挂累累的硕果，也不挂傲人的红枫叶，我不知道它能挂点什么。

在加拿大生活了二十多年，每每看到深秋时节那一排排杵在蒙市大街小巷的树木上光秃秃的树枝和没有一点生气的树梢，我就会想，这二十几年来从没在深秋去郊游，在我看风景的道路上大概也没什么缺憾。

然而，今年十一月中旬，我和我丈夫驱车前往安大略省，去看望在多伦多大学读书的小女儿，途经山林，眺望起伏的峰峦和山间的树木时，我被那漫山遍野的深秋树梢上挂着的焦黄色树叶惊呆了——这些树叶几乎都挂在树梢上。成片成片挂有枯干树叶的树梢连在一起，在青松翠柏覆盖的山峦之间，形成一道道没有七色的彩虹，向人们诉说着深秋独特的沉稳和不甘寂寞的心绪。

我们离开蒙特利尔市的那天上午是阴雨天，在这灰暗阴沉的天空下，在这田野里失去了色彩四处灰蒙蒙的景色中，那一缕缕、一簇簇焦黄色的树叶，成为除了松柏绿色之外在深秋中唯一的色彩，看到它让我眼前一亮，心情也随着这色彩振奋了起来。原来，深秋十一月的郊外，阴天里也有迷人的焦黄色和深棕色垫底的风景。

这风景没有春的生机勃勃，没有夏的繁花似锦，没有冬的晶莹剔透，也没有初秋的色彩斑驳。这道风景在四季交替，挨个盛装退出舞台，走向隆冬的最后一瞬间，彰显着它厚实的内涵和丰富的根基。

下午时分，天光大亮，阳光照耀在高挂树梢的叶子上，这些叶子没有因为在阴天里就灰头土脸无精打采，也没有因为在阳光的光辉照耀下而沾沾自喜挤眉弄眼。它们就这样静静地随风飘舞，就这样用自己的本色感动着天地万物。

在这群山峻岭和高速公路旁成千上万的树种当中，并不是每一种树在深秋时节树梢上都能挂有树叶，只有几种树享有这样的修养和成色，比如橡树，它在百花争奇斗艳、万木枝繁叶茂的季节里被淹没在一旁，只有几只松鼠在橡果成熟的时候会光顾造访；还有榆树，它开的花也被称为榆钱儿，不娇美，就那么一串串挂在枝上，到了深秋，树上的叶子全部都脱落了，唯有这变成深棕色的榆钱儿还牢牢地挂在树梢上，跟那些在深秋变成焦黄色的树叶一道把生命的歌来吟唱。

有一种枫树从来就没体验过被世人赞叹的荣耀，因为它天生就没有让自己由绿叶变成红叶的基因，只要秋天来临，它就会一夜之间变成焦黄的叶子，被冷落在角落无人赞赏，但是当那枫红枫黄随风落地的时候，它依然知道自己的价值，高高地挂在树梢上。

看着这道风景，我联想到一群从风华正茂艳丽多姿的美丽姑娘变成中年的我们，那时候我们读了少女的梦想诗篇,经历了青春的豪迈和浪漫,咀嚼了人生的苦辣酸甜,而今我们走到了深秋,犹如一片挂在树梢上随风、随雨、随雷鸣电闪而动却不离其根的树叶,活出了我们不以物喜、不以己悲的真性情。

我有幸结识了一群怀揣梦想而又脚踏实地的朋友:开酒吧的大嫂,思想驰骋在天地万物之间,她在开店之余写出了一本又一本的书籍,把心头的话语寄予我们,大家从中受益匪浅;开修车行的大哥,心绪荡漾在心田,工作之余发表一首又一首动人的诗篇,把我们心头的希冀点燃;小有名气的大提琴家,寄情音乐禅学,演奏之余吟唱一曲曲感人的歌曲,圆自己儿时的梦想,与大伙分享人生哲思,共同欢度一个又一个季节里美好的时光。她们,还有他们,每天都在生活中编织自己的幸福,纵然是从未在大舞台上演唱的主角,做个小小的跑龙套演员,也一丝不苟,知道自己的价值,不傲慢不气馁。

看着这道风景,我悟出自然景观不分季节和月份,每个月都有它的亮丽和闪光点,错过了对它的欣赏,就是一份缺憾。人生的阶段不分年老年少,每个时期都有他的美好和感动点,错过了尽心尽力,就是一段遗憾。

谁说深秋十一月的树梢上没有风景?那高高挂在树梢上的叶子,是抹不去的靓丽,这树梢上品出的人生,更是我们不能错过的美景。

安娜之长,吉堤之短

托尔斯泰在《安娜·卡列尼娜》一书中描写了这样一个故事:

年轻的姑娘吉堤为了和安娜争美,参加舞会前打扮了一整天。她穿上华贵的衣服,连裙子的每一个褶皱都考虑过了,以为稳操胜券。可是到舞会上一看,安娜只穿了一件黑色天鹅绒长袍,在乌黑的头发上束了一个小小的三色紫罗兰花环,未作其他修饰。然而,安娜在那些珠光宝气、浓妆艳抹、五光十色的贵夫人之间翩翩起舞,却显得玉洁冰清、光彩照人,使举座倾倒。这时的吉堤感到自己身上的装饰品和华贵的衣服显得那么累赘和俗气。吉堤因此深深感叹:"她的魅力就在于她的人总是盖过服装,她的衣服在她身上并不是醒目的,只不过是一个框架罢了,为人注目的是她本人——单纯、自然、优美,同时又有生气。"

从这个故事可以看出,过多的修饰只能破坏青春之美,而淡雅、朴素、大方的服饰却能起到绿叶映红花的作用。作为青年学生,青春活力本身就是宝贵的财富,如果没有明显的缺点要遮掩,就用不着过多地修饰,而应保持"清水出芙蓉,天然去雕饰"的美。今后走向社会也不应该盲目追求时髦,在服装上不应一味追求高消费,而要穿出自己的个性特点。

第二模块

2 真诚友爱　礼貌待人

对人以诚信，人不欺我；对事以诚信，事无不成。

——冯玉祥（爱国将领）

礼貌是人类共处的金钥匙。

——松苏内吉（西班牙小说家）

一、学习内容

（1）遇见宾客要微笑相迎，以礼相待，热情周到，不卑不亢。微笑是人的一张名片。

（2）平等与人相处，善待他人。尊重他人的人格、宗教信仰、民族风俗习惯。谦恭礼让，尊老爱幼，帮助残疾人。人人都喜欢真诚的人，厌恶虚伪。

（3）尊重全体教职工，见面行礼或主动问好。回答师长问话要起立，接受或递送物品时要起立并使用双手，给老师提意见态度要诚恳。

（4）同学之间要互相尊重、团结互助、理解宽容、真诚相待，不以大欺小、恃强凌弱，不戏弄侮辱他人。遇事不能头脑一热就动拳头。害人者终害己。

（5）谈吐要文雅，语调要温和，举止要端庄。与人打招呼要讲普通话，使用礼貌用

语，讲话注意场合。

（6）尊重他人隐私。未经允许不进入他人房间，不翻动、使用他人物品，不看他人信件、日记和手机短信等私人信息。

（7）不随意打断他人的讲话，不打扰他人学习、工作和休息。妨碍他人要道歉，被人妨碍不要过于计较。严于律己，宽以待人。

（8）诚实守信，言行一致。答应他人的事要做到，做不到时应表示歉意。借他人钱物要及时归还。不说谎，不骗人，不弄虚作假，知错就改并不羞耻。

二、完善自我练习

通过学习以上内容，对照个人言行，发现以往的不足之处，提出改正措施、努力的方向，以求规范自己的言行、完善自我。

（1）_____
（2）_____
（3）_____
（4）_____
（5）_____

三、情景训练

1. 请人帮忙练习

（1）班主任让你去请张老师为本班大合唱撰写朗诵词，你怎么完成任务？
（2）在外地迷路了，你怎么办？
（3）想借同学的笔记抄一抄，人家不太乐意，你该怎么说？

2．说服规劝练习

（1）劝一个沉迷于网络游戏的同学摆脱网瘾。

（2）说服一个同学放弃找人打架的念头。

（3）劝一个因为不守纪律被处分的同学重新振作起来。

3．表示感谢练习

（1）对自己生病时看望过自己的同学表示感谢。

（2）参加技能大赛取得了优异成绩，向辅导过自己的老师表示感谢。

（3）毕业时向几年来帮助过自己的老师和同学表示感谢。

（4）父亲节或母亲节时，对父母多年来的养育之恩表示感谢。

4．表示道歉练习

（1）由于自己的任性，上课时顶撞了任课老师而影响了教学，想去道歉，该如何说？

（2）由于自己的不当言行给班级荣誉抹了黑，使班级的红旗评比受到了影响，如何向全班同学道歉？

（3）因一点小事与同学、朋友闹翻脸，怎么去道歉？

四、礼仪小贴士

1．请人帮忙

（1）要简明扼要地提出自己的请求，并说出请求帮忙的原因。

（2）说话有礼貌，要用请求式的词语和语气，态度要诚恳。切忌使用命令或强迫的口吻。

（3）请求别人最好是在对方心情好或比较空闲时提出，切忌在别人心情不佳或很忙的时候给人添乱。

（4）帮忙的事情要是对方力所能及的。即便如此，也要给对方留出时间，切勿反复催促。

（5）平时经常与人联系，不要有事了才想起对方，帮完忙又跟不认识一样。

（6）别人帮了忙，要表示感谢。不登门感谢也要电话表示感谢，不能不吭气。

（7）用真情打动对方。

2．说服规劝

（1）先要倾听对方的真实想法，然后才能切中要害，对症下药。

（2）要站在对方的角度考虑问题，设身处地地为对方着想，使对方从心理上信任你、接受你。

（3）要从道德、良心、规则、法律、亲情、家庭责任、个人的长远发展等多方面耐心劝说，晓之以理、动之以情、晓以利害。必要时可举一些身边的典型案例，以增强说服力。

（4）对已经做了错事的人，应摆明利害，尽力弥补，勿使其破罐破摔。必要时，可提供一些好的做法和建议。

3. 表示感谢

（1）对于别人的帮助要及时而主动地表示感谢，态度要十分真诚。

（2）表示感谢时，若所谢的是一个人，可以私下表示。若所谢的是多人，可统而言之"谢谢大家"，也可逐个言谢，但不可遗漏。

（3）表示谢意是一种感情行为，不能一次性处理。不要以为我已经谢过他了，从此咱们两清了，毫不相干了。

（4）即使是最亲密的人，也要表示感谢，不要觉得没必要。一句感谢的话会让我们的亲人内心充满快乐。

4. 表示道歉

（1）道歉并非耻辱，而是真诚和坦率的表现。有了错误要勇于承认，敢于道歉。做错事而不道歉，才是耻辱的。

（2）道歉要及时，越早越好，不要拖延时间，时间越长越难以启齿。

（3）道歉要有诚意，要勇于承担责任，不推脱，不找借口。态度要诚恳，不能漫不经心、推三阻四、敷衍了事。

（4）要给对方时间来接受你的道歉，如果对方一时不能接受也很正常，要有耐心。

（5）如果你觉得当面道歉很尴尬，那么送去一束鲜花或一样对方喜欢的东西来表达歉意，也是一个不错的选择。你也可以视具体情况通过写信、请别人代为转达等方式来表达你的歉意。

五、模块拓展

1. 怎样与同学、同事相处

（1）对他人的缺点和错误要包容和理解。

（2）不搞"小团体"，不拉帮结派、恃强凌弱。

（3）不窥视、不议论、不传播他人的隐私。不在背后说人坏话。

（4）积极参加劳动和各项集体活动。

（5）他人有困难，要及时关心、帮助。

（6）不逞口舌之快，不逞匹夫之勇，要冷静处理矛盾。

（7）学会赞美，不吝啬对别人的夸奖。

（8）用合理的方式解决日常矛盾，做到与人为善。

2. 怎样与异性相处

（1）注意交往方式，以集体交往为宜。

（2）要把握交往的尺度，留有余地。既要反对男女之间"授受不亲"的传统观念，又要注意"男女有别"的客观事实。

（3）要从思想上和行为上分清友谊和爱情的界限。

（4）要自尊自爱，更要尊重异性，不做伤己害人之事。

3. 怎样与老师相处

（1）尊重老师的劳动，尊重老师的人格。有意见可单独真诚提出。
（2）关心老师的健康，协助老师的工作。尝试"感同身受"的体验。

4. 怎样与领导相处

（1）努力工作，不卑不亢，有敬业精神。摆正位置，遵守规章制度。
（2）少说怪话，多做实事，关键的地方要请示。工作有独立性，能独当一面。
（3）多做给单位和集体争光的事。给领导提意见、建议要注意方式、方法。

六、体悟人生

自由、平等、公正、法治

"自由、平等、公正、法治"体现了中国特色社会主义的基本社会属性，是立足社会层面概括出的社会主义核心价值观。

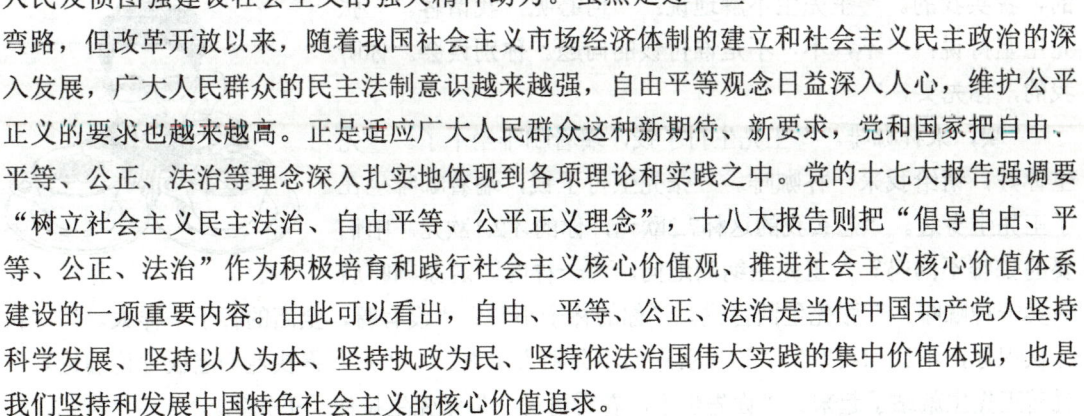

自由、平等、公正、法治是马克思主义的基本要求，也是中国共产党人的一贯价值追求。马克思主义追求的终极目标就是人的自由而全面的发展。中国共产党自成立之日起，就把带领人民实现自由、民主、平等写到自己的旗帜上，并为之不懈奋斗。许多革命同志为此献出了生命。新中国成立后，中国共产党又把这些目标写到社会主义旗帜上，使之成为激励中国人民发愤图强建设社会主义的强大精神动力。虽然走过一些弯路，但改革开放以来，随着我国社会主义市场经济体制的建立和社会主义民主政治的深入发展，广大人民群众的民主法制意识越来越强，自由平等观念日益深入人心，维护公平正义的要求也越来越高。正是适应广大人民群众这种新期待、新要求，党和国家把自由、平等、公正、法治等理念深入扎实地体现到各项理论和实践之中。党的十七大报告强调要"树立社会主义民主法治、自由平等、公平正义理念"，十八大报告则把"倡导自由、平等、公正、法治"作为积极培育和践行社会主义核心价值观、推进社会主义核心价值体系建设的一项重要内容。由此可以看出，自由、平等、公正、法治是当代中国共产党人坚持科学发展、坚持以人为本、坚持执政为民、坚持依法治国伟大实践的集中价值体现，也是我们坚持和发展中国特色社会主义的核心价值追求。

自由是相对的，世界任何角落都没有绝对的自由。我们每个人在行使自己的自由权时，在追求平等与公正时，都要考虑到他人的感受、单位的纪律、社会的习俗、国家的法律。在一定范围内人是自由的，突破了一定的限制就可能失去自由。职业院校的学生处在青年时期，一言一行更要注意道德与法律的要求。遵守道德与法律，勤奋努力，求实向上，就会赢得美好人生。不顾道德与法律，闯下大祸就会害人害己，悔之晚矣。

温和、友善是最有效的方式

我们很多人都读过《伊索寓言》中一则关于太阳和风的故事：

一天，太阳与风争论谁比谁强壮。风说："当然是我强壮。你看下面那位穿着外套的老人，我打赌，我可以比你更快地叫他脱下外套。"说着，风便用力对着老人吹，希望把老人的外套吹下来。但是风越吹，老人越把外套裹紧。后来，风吹累了，太阳便从后面走出来，暖洋洋地照在老人身上。没多久，老人便开始擦汗，并且把外套脱下。太阳于是对风说道："温和、友善永远强过激烈与狂暴。"

太阳能比风更快叫老人脱下外套。同样，温和、友善和赞赏的态度也更能叫人改变心意，这是咆哮和猛烈攻击所难以相比的。人性本身充满了矛盾——真与假、善与恶、美与丑。而一个人要想活得更加快乐、幸福而且有意义，就应该使自己多一点真、善、美的东西。试想，如果你对他人没有真诚，毫不友好，又怎能期望从他人身上得到友善的回报？

鲜花总能招引蜜蜂，容易着火的枯草则无能为力。人也是如此，如果你想赢得人心，首先要让他人相信你是最真诚的朋友。所以，当你试图打开他人心扉时，温和、友善是最有效的方式。

当你要使人信服时，请以友善的方式开始。

一杯咖啡的价格

一杯咖啡在一个只卖一种咖啡的店里卖着不同的价格，这是怎么回事？我在广播里就听到这么一个故事：

张先生的朋友王先生到欧洲某国旅游，定居国外多年的张先生予以接待，特意将王先生领到一家咖啡店喝咖啡。进门前，张先生特意说："你买你的，我买我的。"王先生不解地说："何必呢，我请客。"张先生坚持说："不，不，不是谁付钱的问题。你别误会。你听我的，你先买。"

"唉，来杯咖啡。"王先生付了钱，端着咖啡坐下了。"先生你好，请给我来一杯咖啡。"张先生付了钱，端着咖啡坐在了王先生身边。"怎么我的这杯7.2欧元，你的才2.1欧元。咱们要的咖啡不同吗？"王先生纳闷地问。"一样呀。这家咖啡店只卖一种咖啡。"张先生回答说。"你的杯子小？""没有呀，全店的杯子一样大。""伙计认识你，不认识我？""这里卖东西不分熟人生人。""那我得找他们老板理论理论。"说着王先生就站了起来。"你先坐下，看看再说。"张先生拉住了王先生。

王先生看着离自己很近的那个伙计和各位顾客，结果发现同样一杯咖啡，顾客付的钱从两元多到七元多不等。嗨，好奇怪呀，天下哪有这种店。"老张，这是怎么回事？"王先生忍不住问。"听听顾客要咖啡时怎么说话，你就明白了。"张先生回答说。

王先生仔细听着不同顾客要咖啡时说的不同的话，终于明白了其中的道理——买同样一杯咖啡，谁说话越礼貌，谁花的钱越少；谁说话越不客气，谁花的钱越多。

第三模块 3 讲究秩序 勤奋学习

"业精于勤，而荒于嬉；行成于思，而毁于随。"

——唐·韩愈《进学解》

"良好的秩序是一切美好事物的基础。"

——埃德蒙·伯克《法国革命论》

一、学习内容

（1）升国旗、奏国歌、唱国歌时要面向国旗，肃立、脱帽，神情专注，行注目礼，保持秩序。

（2）保持教室、校园整洁优美。在图书馆、阅览室借阅图书时，要保持安静。不在教室和楼道内吵闹喧哗。

（3）爱护校舍和公共财物。不在黑板、楼道、墙壁、布告栏、课桌、宿舍、厕所等处涂抹乱画。损坏公物要赔偿。借阅书刊要按时归还。

（4）按时到校、到教室，不迟到，不早退。上课前准备好学习用品。上、下课时，起立向老师致敬。下课时，请老师先行。

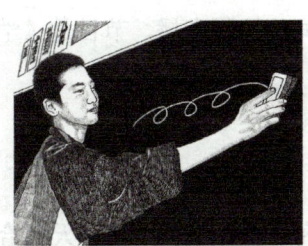 

（5）上课专心听讲，勇于提出问题，敢于发表自己的见解，积极回答老师的提问。课堂上不玩手机，不乱说话，不看闲书。

（6）认真复习，按时独立完成作业。考试不作弊。对不及格的课程及时补考。

（7）遵守宿舍和食堂的制度，服从管理。买饭适量，不浪费粮食。

（8）参加各种集会准时到达，把手机调到静音状态，安静听讲，适当记录，保持会场秩序，不做与会议无关的事。

二、完善自我练习

通过学习以上内容，对照个人言行，发现以往的不足之处，提出改正措施、努力的方向，以求规范自己的言行、完善自我。

（1）_____

（2）_____

（3）_____

（4）_____

（5）_____

三、情景训练

1. 读文读稿

情景一： 下面是某校每周三下午课外活动时间的校园广播，节目是《学海之舟》。

如何提高学习效率

同学们，老师们：

　　大家下午好！

　　校园之声现在开始广播。又到每周三的《学海之舟》节目了，今天我给大家介绍的是有关如何提高学习效率的一些知识，希望通过我的介绍，能对同学们提高学习成绩有所帮助。

说到如何搞好学习，第一，要有一个明确的学习目标，这样才能做到有的放矢。目标对学习具有指引作用，好的目标可以使我们从主观方面具有能动性地进行学习，少走弯路，提高学习积极性。如果没有目标，就没有要求。没有了要求，就会松松垮垮。

第二，是学习毅力问题。我们做事情要持之以恒，学习也不例外。"锲而不舍，金石可镂。锲而舍之，朽木不折。"学习是一个漫长的过程，会伴随我们的一生，我们要不断地研究、探索，大量的知识需要我们记忆，这就决定了我们要下苦功夫，要把更多的精力放在学习上。在这个过程中难免会遇到困难与挫折，只有坚强的毅力才能让我们始终保持良好的学习状态，才能让我们在学习道路上继续前进。青春短暂，不可浪费在玩手机上。

第三，就是学习效率问题。最高的学习效率并不是时时刻刻学习，而是该学习时学习，该休息时休息，做到劳逸结合。因为这样才能保证我们在学习的时候精力充沛。做题也是这样，要从"题海"中把重点题目提取出来并攻克。要合理安排分配时间，要会抓重点和要点。

第四，学习一方面靠天赋，但更重要的是靠自身的勤奋努力。有再好的天赋，如果不勤奋学习知识，也会荒废。

以上就是今天我给大家介绍的有关学习效率的节目内容，希望大家听了之后有所感悟，并把这些方法运用到日常学习中。相信大家通过勤奋的学习、努力的奋斗，每位同学未来的天空都会更蓝、更美！

情景二：下面是一篇散文，请充满感情地朗读。

生命的颜色

不知道是否有人问过你这样的问题："你最喜欢的颜色是什么？"还记得你是怎样回答的吗？

我们生活在五彩斑斓的世界当中，每天又会遇到形形色色的人，还要处理五花八门的事情。穿衣服追求色彩艳丽，装修房子要求色彩绚丽，购买电视机选择色彩分辨率高的，孩子们画画也有了远远不止12色的画笔……世上这么多的色彩时时刻刻在冲击着我们的视觉神经，让我们觉得这个世界不属于任何一种颜色。

我时常怀念夏日里窗外的那个画面：那是我在教室里靠近窗户坐着的时候不经意间转向窗外的目光，远处有几棵树，树上的绿色格外醒目，又在夏天显得很安静。当时，我能很清楚地听到老师讲课的字字句句，以及同桌翻动课本的声响，燥热的空气，教室里人们穿着属于那个时候的夏装，偶尔拿起水壶的手，以及额头上微微沁出的汗水。这些画面似乎都很宁静，但是每个人心中都在躁动吧？升学的日期转眼就要来临，所谓人生的重大转折点，我们将要何去何从，摆在眼前的没有一条确定的大路，而是无数个茫然未知的选择。数不清的知识点，做不完的练习题，偶尔能让我释放并感到小有成就的作文课，在夏日里都被空气淹没了，直到我不经意间看到教室窗外的那片绿色，那些充满了绿色的树。

树是不会动的，我在想。显然我已经被习题困扰得有些迟钝了。确实，树一年四季都长在那里，不管刮风下雨。从上个学期我坐在教室同样的位置看到的是同样的树，但是，它却发生着变化，它的躯干在冬天会干枯，枝杈也会皱曲，树叶变成黄色，一片片无奈落下，显得寂寥，显得无可奈何。夏天，我都会赞叹、佩服它，因为它又焕发了生机。饱满的树干散发着绿色的光泽，挺直的树枝，满眼的树叶，整个树充斥着绿色，我看到的是多么有生命力的颜色！忽然之间，我的心平静了，就像这时候站在远处的那棵树一样安静，同时一股力量被注入我的全身。我的方向与理想，都是这样的颜色！是的，要坚定信心！树木要经历万物肃杀的寒冬，我们也会经历人生的风风雨雨，但是，绿色还是会回来的，就算岁月无痕，它也会带给我希望，一年年孕育新的生命，不断地轮回与重生。我定了定神，重新把目光转向了教室的黑板。

也许你会觉得那只是惊鸿一瞥的绿色，但是在那之后的岁月里，我时常会想起那棵树的绿色，不单是在学习中遇到困难的时候，或者是在自己对未来感到茫然的时候，甚至是在自己舒适安逸的时候也会时常想起。我想，它不是一种普通的颜色，不仅仅是一种绿色，而是一种充满了生命的颜色，正是它在我的人生当中，不断地给予我充满生机的力量，给我以新的希望，我才能继续前进。

"绿色，我喜欢绿色。"我说，"因为它是生命的颜色。"

情景三：下面是《教育部关于中等职业学校德育课课程设置与教学安排的意见》，请同学们认真地学习并朗读。

教育部关于中等职业学校德育课课程设置与教学安排的意见

教职成（2008）6号

各省、自治区、直辖市教育厅（教委），新疆生产建设兵团教育局，有关部门（单位）教育司（局）：

为贯彻落实党的十七大精神和《中共中央国务院关于进一步加强和改进未成年人思想道德建设的若干意见》《国务院关于大力发展职业教育的决定》，加强和改进中等职业学校德育课教学工作，进一步增强德育课教学的针对性、实效性和时代感，提高职业教育质量，我部在认真总结2001年以来中等职业学校德育课改革经验的基础上，进行了新一轮德育课课程改革工作。现就中等职业学校德育课课程设置与教学安排提出如下意见：

一、中等职业学校德育课是学校德育工作的主渠道，是各专业学生必修的公共基础课，是学校实施素质教育的重要内容。德育课的主要任务是以邓小平理论和"三个代表"重要思想为指导，深入贯彻落实科学发展观，对学生进行思想政治教育、道德教育、法制教育、职业生涯和职业理想教育以及心理健康教育，提高学生的思想政治素质、职业道德和法律素质，促进学生全面发展和综合职业能力形成。德育课教学应遵循"贴近实际、贴近生活、贴近学生"的原则，从学生身心健康发展的规律和中等职业教育培养目标的实际需要出发，注重实践教育、体验教育、养成教育，做到知识学习与能力培养和行为养成相统一，切实增强针对性、实效性和时代感。

二、中等职业学校德育课分为必修课和选修课两部分。必修课包括"职业生涯规划""职业道德与法律""经济政治与社会""哲学与人生"四门课程。"心理健康"作为选修课纳入德育课课程体系。其他选修课程由各地根据实际情况开设，报我部（职业教育与成人教育司）审批后由地方组织实施。

德育课必修课程教学安排如下表：

年级	学期	课程	学时
一年级	第一学期	职业生涯规划	32～36
	第二学期	职业道德与法律	32～36
二年级	第三学期	经济政治与社会	32～36
	第四学期	哲学与人生	32～36

德育选修课程的教学时间，一般不少于64学时。选修课除对学生进行心理健康教育外，还应根据国家形势发展进行时事政策教育，结合学校德育工作、学生社会实践、专业学习、顶岗实习进行预防艾滋病教育、毒品预防教育、环境教育、廉洁教育、安全教育等。

财经、政法类专业及其他文科专业，由于其专业课程与德育课在内容上有交叉，各地可按照上述课程设置与教学安排的要求，根据专业培养目标的需要，适当调整有关课程的内容和学时。

各校对以上德育课各门课程教学安排的顺序，可根据具体情况进行适当调整，但必须保证各门课程的教学时数。

三、上述德育课课程设置与教学安排意见，自2009年秋季入学的中等职业学校一年级新生开始执行。届时，2001年发布实施的中等职业学校德育课课程设置方案和课程教学大纲停止使用。

四、我部负责制定中等职业学校德育课必修课程和部分选修课程的教学大纲，组织编写教材及相应的教学参考书，并协调解决本课程设置与教学安排意见实施中的有关问题。未经批准，任何单位、组织和个人不得擅自组织编写和推荐德育课教材和教学参考书。

五、地方各级教育行政部门要切实加强对中等职业学校德育课教学工作的领导，做好课程改革方案实施的准备工作。2009年秋季开学之前，我部将组织编写出版德育课新教材，进行新一轮德育课课程改革国家级培训。各地、各学校要认真组织学习本意见和新的中等职业学校德育课课程教学大纲，组织好德育课教师的培训工作，为新一轮德育课课程改革方案的全面实施做好充分准备。

中华人民共和国教育部
2008年12月8日

2．口语交际练习

（1）询问事项。

情景一：一位学生到专业科询问评比卫生先进班级的事。

情景二：某同学到语文教研室询问期末考试成绩，老师这时比较忙。

情景三：某班干部觉得班里学习标兵的评比有不公正的地方，去询问班主任评比标准。

（2）与陌生人谈话。

情景一：在火车上与陌生人谈话。

情景二：在公园的长凳上休息时，与陌生人谈话。

四、礼仪小贴士

1．读文读稿

（1）要用普通话读文章和稿件，咬字要清晰，目的是让听众听清楚、听明白。

（2）读文章的时候要照原文读，不能填字、缺字、改字，注意标点符号体现的停顿与语气，避免断读、破读、反复读。

（3）根据场合处理好朗读的语气，有的需要低沉，有的需要高昂，带着感情，前后连贯，避免朗读平淡无味、呆板沉闷。

2．询问事项

（1）正确与人打招呼，一般不能用"嗨""哎"等词与人说话，那样很不礼貌。

（2）最好弄清楚要询问的人的姓名、职务等。若只是问"我们张老师呢""我们班主任在哪""我们英语老师呢"对方还得反问："哪个张老师？""你们班主任叫什么名字？""你们英语老师姓什么？"这样会耽误时间。

（3）如果别人正忙着，可以等别人忙完再问话。

（4）最好不要站在门口探头问话，也不要半个身子在门里、半个身子在外面，这样会给人畏首畏尾的印象，应该大方一些，走进门说话。

（5）当你问完话后，不管别人能否解答、你对别人的回答满意与否，都要表示感谢，有礼貌地离开。

3．与陌生人谈话

（1）要适当保持一定的戒备心理。俗话说："害人之心不可有，防人之心不可无。"

（2）不要草木皆兵，好像不认识的人全是坏人，可以先聊一些无关紧要的话题。

（3）不可占陌生人的小便宜。占小便宜的背后就有可能吃大亏。

（4）不要向陌生人泄露个人重要信息。

五、模块拓展

1．爱国的言行表现

（1）热爱自己国家的国旗、国徽、国歌。

（2）热爱祖国悠久的历史文化、一草一木、一山一水。

（3）在任何场合不做有损国格的事情。

（4）遇到诋毁国家形象的行为，应及时制止或向有关部门反映。

（5）努力学习，勤奋工作，为建设祖国而奋斗。

2．守时的好处

（1）遵守时间是一个人诚实守信的表现，守时会赢得他人对你的尊重。

（2）遵守时间可以使人养成良好的生活习惯，合理地安排生活。

（3）遵守时间是学习的保障，守时让你收获丰硕的果实。

（4）遵守时间使人珍惜光阴，不浪费生命，提高效率，为国家和个人创造更多的财富。

3．活到老，学到老

（1）学习可以使人增长知识、取得进步，放弃学习就会被淘汰。

（2）持续地学习，可以培养人不断进取的精神。

（3）学习可以开阔人的眼界，丰富人的内心世界。

（4）终身学习，人才能适应不断发展的社会。

4．专心做事

（1）专心、认真地做事，是做事成功的保障。三心二意则会一事无成。

（2）专心是一个优秀的人应该具有的品质，专心可以发现别人不注意的问题。

（3）专心可以有效提高学习成绩，提高技术水平。心不在焉则会一无所获。

（4）专心可以使人很好地完成工作，为下一步的发展铺平道路。

六、体悟人生

爱国、敬业、诚信、友善

"爱国、敬业、诚信、友善"体现了社会主义国家公民的基本价值追求和道德准则要求，是立足公民层面概括出的社会主义核心价值观。

加强对全体公民的价值观、道德观教育是一项长期而紧迫的任务，尤其是面对当前社会经济利益和分配方式多样化的趋势，面对全面建成小康社会和人民群众精神文化需求的不断增长，面对世界范围各种思想文化的相互碰撞，如何形成社会的主流价值观、如何把公民价值观、道德观提高到一个新水平，成为摆在全党和全国人民面前的一个重要课题。

早在2001年，中共中央印发的《公民道德建设实施纲要》就已经提出，要坚持以为人民服务为核心，以集体主义为原则，以爱祖国、爱人民、爱劳动、爱科学、爱社会主义为基本要求，在全社会倡导"爱国守法、明礼诚信、团结友善、勤俭自强、敬业奉献"的基本道德规范。2006年3月，胡锦涛同志在参加全国政协讨论会时提出了以"八荣八耻"为主要内容的社会主义荣辱观，要求提倡热爱祖国、服务人民、崇尚科学、辛勤劳动、团结互助、诚实守信、遵纪守法、艰苦奋斗。2006年10月，党的十六届六中全会审议通过《中共中央关于构建社会主义和谐社会若干重大问题的决定》，明确提出了建设社会主义核心价值体系的战略任务，并对社会主义核心价值体系的基本内容作了规范性阐述。所有这些都为我们党从社会公民层面概括社会主义核心价值观奠定了坚实的理论基础。党的十八大正是在继承和发展我们党关于社会主义核心价值体系思想的基础上，紧密结合全面建成小康社会和发展中国特色社会主义的新需要，从公民层面提出了"爱国、敬业、诚信、友善"的社会主义核心价值观。"爱国、敬业、诚信、友善"的社会主义核心价值观，集中体现了中华民族传统美德、中国共产党人革命道德和社会主义道德的精华，是中国共产党人对马克思主义公民道德和价值理念的新发展。

我们每个中高职学生无论在学校还是走向社会，都要热爱祖国、敬业乐业、诚实信用、友好善良；不叛国卖国、不做有损国格的事；不在工作中弄虚作假、消极怠工；不坑蒙拐骗、偷奸耍滑；不逞凶斗狠、欺负弱者。

写字的十大毛病

许多事情要想做好，就得讲究规矩，勤于练习。比如写字就得注意避免常见的十大毛病：

1. 写错别字

某君名叫"梁德茂"，他把"梁"的右上部分写成"刃"；"德"的右面丢了"一"；"茂"的下半部分"戊"有时写成"成"，有时写成"戌"。某君姓"晏"，他写得像"妾"或"雯"，反正怎么看都不是"晏"。某君是平遥人，总把"遥"的"辶"上面写成"夭"。"反映"与"反应"、"启事"与"启示"、"辩"与"辨"、"震"与"振"分不清楚的，也常有。有的书法家故弄玄虚，把一些字写得缺胳膊少腿或画蛇添足，还美其名曰"缺笔""补笔"，造成不良影响。

2. 繁简混用

由于不同时期汉字有不同的标准样式，一些年纪较大的人混用繁体字和简体字，乱得很。还有的人为了显示自己"有文化"，故意写一些繁体字，这样也不好，现代人就应当写标准的简体字。当然，我国香港、澳门、台湾地区还在使用繁体字，另当别论。

3. 歪歪扭扭

写字讲究心正、身正、眼正、手正、纸正，做不到这"五正"，难免把字写歪。以拳握笔、虎口夹笔、勾手腕、手外翻写出来的字基本是歪的。点画不是写出来的而是掇上去的，横画不注意左低右高且互相平行，长竖做不到垂直，撇与捺掌握不好角度轻重，没有书写基本笔画的基本功，字肯定写不好。结构方面比例失调、笔画不当、呼应不好、勾连扭结、松松垮垮、重心不稳等，其字怎么能不歪斜。

4. 偷工减料

近年来很多学生写字，凡有勾的笔画都不写勾，理由是"省事""嫌麻烦""无所谓"等。

5. 笔顺不对

写字笔顺不对，通常是在小学没有得到及时纠正造成的。笔顺不对可能字没有错，可是影响了字的各部分结构搭配，写出的字就不大好看。

6. 不留字距空白

有的人写字密密麻麻，不会分段分行，不留字间距、行间距，上下左右不留空白，题目正文没有区别，不能正确使用标点符号，自己发明一些乱七八糟的符号，让人看得头晕眼花、莫名其妙。

7. 大小不一

写一篇文章，正文的字应该大小基本一致。在稿纸上写，基本能做到。在信纸或白纸上写，就得多用心。有人就控制不住，有的字过大，有的字过小，不好看。

8. 以丑为美

一开始练字时就临错了本子，临摹的字本身就不好看，自然写出的字难看。

9. 胡乱签名

一些青少年盲目赶时髦，学某些明星所谓的个性签名，花里胡哨，胡乱涂写，弄得他人看不明白。

10. 没有感情

毛笔字也好，硬笔字也罢，书法是中国文化的代表，有着悠久的历史和深厚的根源，承载着民族的情感因素，所以练字、写字是一种民族情感的教育和民族文化的表现。不带感情地写字，心不在焉，敷衍了事，肯定写不出好看的字。只有满怀深情地写字，端正态度，把写字当成一回事，才能把字写好。

那霸空难

那霸机场位于日本冲绳县那霸市。

2007年8月20日，35℃高温的冲绳县烈日炎炎，那霸机场像往日一样秩序井然，一架架客机降落、起飞。

9：27（日本时间10：27），我国台湾中华航空CI120号班机（波音737-800型客机）伴随着引擎涡轮巨大的声响降落在那霸机场。飞机按照机场塔台指示，在停机坪上滑行，准备停机。

几分钟过后，飞机渐渐停稳，乘客准备离机。就在这时，乘客中传来尖叫声："着火了！""飞机冒烟了！"随后又有人大喊："失火了，快开门！"机舱内顿时大乱，到处是小孩和妇人的哭喊声，还有人不断地喊着救命。

与此同时，机长犹建国下达紧急撤离命令，机上6名空乘人员火速打开机舱门的充气滑梯，逃生门刚一打开，乘客们就疯狂地涌向出口，一时间，出口出现了拥堵现象。飞机已经是浓烟滚滚，随时都有爆炸的危险，如果人们不马上离开飞机，后果十分可怕！就在这生死一瞬间，犹建国大声喊话："大家按照次序出仓，这样大家都会平安离开的！"人们这才稍微安静下来，随后犹建国和空乘人员一起组织乘客按照秩序离机。最后，乘客全部被安全地撤离到机场跑道上。

这时，飞机已经成为一片火海，不到一分钟，一声巨响之后，飞机爆炸了，所有人都目瞪口呆。

就在爆炸前五秒钟，一个黑色身影从驾驶舱跳出，这位坚持到最后才从飞机逃生的人，正是机长犹建国。

外电媒体称：全部逃出，幸运！奇迹！

华航客机爆炸，但165名乘客和机组成员全部平安，实在是不幸中的大幸。经过事后分析，证实此次飞机爆炸的原因是由于飞机降落时引擎漏油引起的。

从客机上逃生的人都感叹道，如果再晚出来半分钟，就生死两重天了。确实，这165名乘客全部安全逃生是个奇迹，但是，如果人们没有听从机长犹建国按照秩序离机的指令，结果又会怎样呢？是秩序，是秩序救了处在生死边缘的人们。

遵守秩序是每个公民应该做到的行为规范。保持良好的秩序，能使我们生活的社会井然有序，安全稳定；保持良好的秩序，能使我们的工作学习效率更高；保持良好的秩序，能使我们生活的国家更加文明。我们在任何地方都要遵守秩序，比如在食堂打饭，在车站买票，在超市购物，在银行取款等。如果没有秩序的约束，人们的这些活动将会是一个个混乱不堪的局面。

我们为谁而遵守秩序呢？是为了他人、集体还是社会？其实都是，当然，还包括我们自己。我们属于集体，也属于社会，我们在别人眼中也是他人。所以，遵守秩序是利己利人的行为。我们要从身边做起，从日常生活的点滴做起。秩序规范会伴随我们一生，我们做的好与坏会影响到自己的前途命运。就像在危急时刻逃离飞机，遵守秩序更能保全自己与他人的生命。那么，在人生无数个出口处，你遵守秩序了吗？

第四模块 4 勤劳俭朴 孝敬父母

还有什么比父母心中蕴藏着的情感更为神圣的呢？父母的心，是最仁慈的法官，是最贴心的朋友，是爱的太阳，它的光焰照耀、温暖着凝聚在我们心灵深处的意向！

——马克思（德国无产阶级思想家）

历览前贤国与家，成由勤俭破由奢。

——唐·李商隐

一、学习内容

（1）生活要有规律，按时作息，珍惜时间，坚持锻炼身体。

（2）学会料理个人生活，自己的衣物用品收放整齐，不乱摆放。

（3）生活节俭，不互相攀比，不乱花钱，不向父母提出超越家庭经济条件的要求。

（4）体贴帮助父母长辈，主动承担力所能及的家务劳动，如收拾房间、洗衣、做饭等，关心照顾兄弟姐妹。

 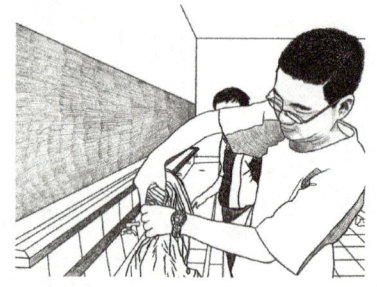

（5）常与父母交流生活、学习、思想等情况，尊重父母意见与教导。

（6）理解父母长辈，有意见要礼貌地提出，讲道理，不任性，互相商量问题，不闹脾气，不顶撞。

（7）外出和到家时，向父母打招呼，在外住宿或留宿他人要征得家长同意。

（8）学会关心父母健康，经常问候致意，言辞温婉。长辈生病时要耐心照顾。

二、完善自我练习

通过学习以上内容，对照个人言行，发现以往的不足之处，提出改正措施、努力的方向，以求规范自己的言行、完善自我。

（1）_____

（2）_____

（3）_____

（4）_____

（5）_____

三、情景训练

1．孝敬父母练习

情景一：放假在家时，看到劳累一天的父母回到家里，如何来孝敬他们？

情景二：年迈的母亲盼望已成家立业的儿女常回家看看，可是电话传来的大多是儿女把钱已存进父母的存折上、没时间回家等信息。失望的母亲面对丰盛的晚餐，感到十分孤独和无奈。你面对这种情况，该如何去做？

情景三：在父亲节或母亲节那天，你通过哪些方式来孝敬父母？

2．处理家庭关系练习

情景一：你和父母吵过架吗？遇到矛盾你是怎么处理的？

情景二：假如父母偷看了你的日记、信件或手机，你会怎样对待父母？怎样处理？

四、礼仪小贴士

1．如何孝敬父母

（1）要深知父母养育我们的艰辛，懂得父母通过劳动给自己创造的一切是用心血、汗水换来的，要百倍珍惜，要有感激之情、感恩之心。

（2）努力完成自己的学业。意识到自身的努力、进取并不只是自己一个人的小事，而是对父母、对家庭所担负的责任。个人价值的实现也是对社会的贡献。

（3）多与父母沟通交流。自己心里有什么事对父母说出来，并且认真专注地听取父母对每一件事、每一个问题的分析、建议和教诲。

（4）充分理解父母的嘱咐，不要粗暴打断，多站在父母和长辈的角度想一想，学会控制自己的情绪，即使受点委屈也要心平气和。

（5）有时候不一定是挣了大钱买许多东西才能孝敬父母，一声问候、一条信息、一个电话也能使父母感到温暖。

2．如何处理家庭关系

（1）处理家庭内部关系不可以存在偏颇的心理。

（2）宽容、支持、谅解比什么都重要。

（3）对家庭成员充满爱心，家庭一定能和睦幸福。

（4）学会忍耐和克制自己，可避免很多争吵。

（5）面对尖锐矛盾，重在及时处理和顾全大局，适当让出一部分自己的利益。

五、模块拓展

1．好习惯的力量

有一位哲人说过，一个人走入社会以后，在学校学到的知识会被忘记很多，剩下最有用的就是好习惯。作为青年学生，要养成良好的习惯。

首先，要养成良好的学习习惯，包括认真听讲、积极思考的习惯，边听讲边做笔记的习惯，以及及时复习整理的习惯，也包括收集知识、整理知识、运用知识的习惯。这将成为我们终生学习所必需的，使我们从中受益。

其次，要养成良好的行为习惯，比如，坐电梯请老、弱、病、残、孕者先上，下电梯时先打开电梯门再按住按钮，让需要照顾的人先下；在公共场合不大声喧哗等。好的行为习惯都需要在少年和青年时代养成。

再次，要养成良好的生活习惯，比如，按时就寝、饭前便后洗手、用完东西放回原处、不酗酒、不嗜烟、不参与赌博等。好习惯虽小但是非常重要，会使自己受益一辈子。

2．节俭的美德

（1）节俭是优良的传统美德，也是人们的生活准则之一，更是人们有修养、高素质的表现。铺张浪费、一味奢侈不是潇洒，而是可耻。

（2）爱惜粮食，不剩饭，以节俭为美德。

（3）从节约一滴水、一度电、不乱花一分钱等小事做起，培养自己艰苦朴素、勤俭节约的生活习惯。

（4）养成用手帕代替纸巾的习惯，少买过度包装的产品，尽量不使用一次性用品，不买奢侈品，使用空调制冷或制热时调到合适的温度，尽量少用塑料袋等易造成污染的东西。

3．生活规律，爱己尊人

（1）饮食要定时定量，睡眠要充足，少熬夜，最好不熬夜，多吃蔬菜水果来补充维生素。注意锻炼身体。

（2）"日出而作，日落而息"是长期以来人类适应环境的结果。熬夜会损害身体健康。

（3）行为表现要有益于自己、他人和全社会。己所不欲，勿施于人。一举一动要想到会产生怎样的影响。勿以善小而不为，勿以恶小而为之。

（4）养成良好的生活习惯，对塑造一个健康的体魄有着至关重要的作用。

4．酗酒的害处

（1）使大脑不清醒，失去理智，引发打架斗殴、酒驾醉驾等，害人害己。

（2）伤害身体，危害健康，耽误工作、学习等正事。

（3）破坏家庭和睦，影响邻里、同事之间的关系。

六、体悟人生

姥姥做鞋记

2014马年春节期间，闲来无事整理家里的老物件，无意中发现了许多多年不见的拨挑子、粗长针、锥子、顶针、木楦。"妈，快来看，我找到我姥姥做鞋的工具啦！"我禁不住喊出声来。妈看了，深情地说："是呀，是呀，你姥姥不知用这些东西做过多少双鞋。"摸摸

第四模块　勤劳俭朴　孝敬父母

这件，动动那件，姥姥做鞋的情景顿时浮现在我的泪眼前。

1959年秋天，43岁的姥姥料理完她婆婆的丧事，带着8岁的姨姨从乡下来到城里，与新婚不久的父母共同生活。20世纪60年代的十年，父母生了我们兄弟姐妹四人。那年月国家贫穷，人民生活艰难，姥姥为了节省家里的开销，利用从农村带来的工具给家里人做鞋。

做一双鞋很费事，至少需要十几道工序，一道都不能少。姥姥首先将碎布头用略稀的浆糊一层层粘起来，贴在木板或平坦的石板上，八九层一版，晾干后揭下来用砖头压平，以备做鞋底用。然后，将一缕缕原始的粗麻用拨挑子一转一转捻成麻线，用来纳鞋底。粗麻的边缘很锋利，犹如剃胡子用的刀片一般，一不小心就会划破手指。再然后，就是最费工夫的纳鞋底了。按照个人脚掌大小不同，先取一版剪出一个，拿这个比着再剪几版，几层叠在一起，用锥子扎透后抽走锥子，以顶针顶住粗长针顺锥眼穿过去，使劲勒一下。纳好一只鞋底，密密麻麻不知要用多少针。尽管用布垫着手掌，姥姥的手还是被勒得红红的，变得十分粗糙。最后，将鞋帮缝到鞋底上，喷点水，用木楦撑几天以定型。做成这样的一双鞋，一般需要20多天。

姥姥手巧，出活，既会做单层鞋帮的布鞋，又会做夹棉鞋。单布鞋轻便透气，春秋天穿；棉鞋的样式被称为"窝窝头"，冬天穿，基本保暖。夏天穿买来的塑料凉鞋，这东西家里做不了。姥姥做的鞋结实好看，姐姐穿小了，我穿；我穿小了，妹妹穿。全家八口人，都穿过姥姥做的鞋。不过，弟弟8岁时国家开始搞改革开放，生活好起来了，这种姥姥做的鞋他穿得少。

如今不用说城市没有人家自己做鞋穿，农村人也不做了，除非是做来当旅游纪念品卖了赚钱的。遗憾的是，日子刚刚好一些，1979年秋天姥姥因病逝世，我再没有机会孝敬她了。她老人家一生很苦，看着她使用过的工具，恍惚间又看到她劳作的身影。艰难困苦之中，一针一线费了她多少劲，一针一线浸润了多少她对家人的爱。更令我难过的是已经无法报答了，外孙欲孝而姥姥不在，想想就心痛，我禁不住又流泪了。不能再看了，且将这些工具收起来放好吧。

妈妈，我爱你

妈妈，我爱你，爱你少年坚毅的目光。你踏过乡间泥泞的小路，带着蒲公英与麦穗的芳香，走进县城读中学，走进省城上大学。

妈妈，我爱你，爱你青春飞扬的身影。你奔跑跳跃在篮球场，冲锋，投篮，接应。秀发轻抚美丽的脸庞，迷人的双眼闪烁着光芒，汗珠滑落额头鬓角，白皙皮肤，桃花人面，灵动身材。老师叫你"维吾尔姑娘"，一十三镇数第一。

妈妈，我爱你。感谢你给了我生命，辛辛苦苦养育四个孩子。你把甘甜的乳汁喂进我们嘴里，你把苦和累留给自己，缝补浆洗，操心劳力，说故事，做游戏，教做人，讲道理。儿女们长大了，你的青丝添了白发，你挺拔的脊椎变得弯曲。

妈妈，我爱你，爱你孝顺长辈，尽心尽责。从出生到十三岁父亲杳无音信，你没有抱怨，你赡养自己的母亲，你照顾自己的妹妹。你是贤妻、良嫂、好亲戚、善邻居，亲朋好友无不夸赞你。

妈妈，我爱你。爱你恪尽职守，兢兢业业，备好讲好每一课，认真严谨成习惯，讲解示范不马虎，教书育人相结合，为人师表业务精，对待学生有爱心。学生毕业半世纪，还来家中看望您，"李老师啊，李老师，学生真心喜爱您"。

妈妈，妈妈，儿子爱你，爱你心胸如大海，爱你爱国爱党爱人民。想说的话儿说不尽，谁言寸草心，报得三春晖。祝福我亲爱的母亲，平安健康，长寿美满，吉祥如意。

兄弟情深

我的父母出生于清末，育有四子四女。我在四兄弟中排行第二。两位老人勤劳善良、通情达理、乐于助人，对孩子们产生了无形的影响。虽因家境贫寒未上过学，但母亲在煤油灯下给我们讲过孔融让梨、十根筷子与一根筷子的故事，启发我们兄弟姐妹要互相关心、互相帮助，兄要爱弟，弟要尊兄，使我们从小就明白了一些道理。

1948年5月，临汾解放。我和哥哥从家乡到临汾求学。哥哥考入贺龙领导的西北卫校（成立于临汾，后从新绛县迁至西安市，更名为西北人民医学院，即今天的第四军医大），我当时在临汾中学（即今天的临汾一中）上初中。贫农子弟开学后吃住不花钱，但是日常用品、衣服鞋帽、书纸笔本得自己买。入学时路费等几乎花光了家里所有的钱，我再不愿向父母伸手。哥哥在西安每月只有四元的津贴，却经常在牛皮纸信封里夹两元寄给我，以解我燃眉之急，使我深受感动。抗美援朝战争爆发，哥哥提前毕业分配到第57陆军医院，夜以继日地救治前线下来的志愿军伤员。1951年，我到太原读中专，哥哥从东北给我寄来他省钱购买的厚棉鞋。临近毕业，我得了胸膜炎，哥哥来信从医学的角度劝我休学保重身体，以免加重病情。读着读着我流下了热泪，回信宽慰哥哥别为我着急，边治疗边坚持学习。哥哥对我的帮助我永难忘记。后来哥哥还帮助过三弟、四弟。

1954年夏天，我从山西省建筑工程学校毕业，很想参加高考，但父亲说还有两个弟弟，让我必须参加工作。1955年响应党的号召，我赴长治支援军工建设。1956年春节过后，我为三弟争取到进入星火中学上学的机会，立即写信让父亲把三弟从老家送过来。1957年初我调到侯马工作，将三弟转入洪洞一中，离我近些好照顾。7月我回了太原，到重机厂铸钢车间搞钢结构。8月三弟考上太原重型机器制造学校。1961年该校升格为重机学院，三弟找我商量想去参加工作。我知道他想参加工作是为了减轻我的负担（1958年2月我已经结婚成家），但我坚持让他继续求学。1966年三弟本科毕业，但由于"文革"的特殊原因，1968年他才被分配到重机厂第一金工车间。尽管当时上中专、大学不交学费、住宿费、伙食费，但是三弟的其他花销主要由我承担。1960年至1963年，我大部分时间在蒙古搞援外建设，可对三弟的帮助从未中断。有一次他不慎摔伤胳臂，我妻子立即跑到他的学校送去钱物，使他安心养伤，没有耽误学习。三弟深知我们兄弟情深，多年来经常问候关心我和妻子。几个侄儿侄女也很尊敬我们老两口。

真是兄弟如手足，本当互帮助，情深义真切，家和万事兴。

第五模块

5 遵守公德　积极向上

　　愿中国青年都摆脱冷气，只是向上走，不必听自暴自弃者流的话。能做事的做事，能发声的发声。有一分热，发一分光，就如萤火一般，也可以在黑暗里发一点光，不必等候炬火。

—— 鲁迅《随感录四十一》

　　在任何地点，任何时代，为公益做出最大牺牲的人，都是人们会称为最道德的人。

—— 法国哲学家伏尔泰《行而上学论》

一、学习内容

（1）遵守交通规则，注意交通安全，不违章骑车、开车。过马路时走人行横道，不翻越栏杆。

（2）乘公共电车、汽车时主动购票，给老、幼、病、残、孕者及师长让路、让座，不争抢座位。

（3）遵守公共秩序，购买商品按顺序排队，对营业人员等有礼貌。

（4）爱护公共设施、文物古迹。爱惜庄稼、花草、树木。保护对人类有益的动物。

（5）观看演出和比赛时，做文明观众，不起哄滋事。演出结束时，鼓掌致意。

（6）尊重外地人，遇到有人问路，应该认真指引。

（7）对违反社会公德的行为量力进行劝阻。对犯罪行为，要机智报警。

（8）在单位遵守规章制度、吃苦耐劳、勤奋工作、积极向上，争做优秀职工。

二、完善自我练习

通过学习以上内容，对照个人言行，发现以往的不足之处，提出改正措施、努力的方向，以求规范自己的言行、完善自我。

（1）_____

（2）_____

（3）_____

（4）_____

（5）_____

三、情景训练

1. 演讲

情景一：下面是在学校安全教育活动周的讨论会上，作为学生干部发表的一段即兴演讲。

老师们、同学们：

大家好！

今天的讨论会是我校安全教育活动周的第一次讨论会。我很幸运，被推荐上来讲话。首先感谢领导、老师和同学们给我这次机会。

第五模块　遵守公德　积极向上

人们常说："安全第一！"究竟为何要把安全作为头等大事来看待呢？我想，这是因为安全问题十分重要。如果没有安全，我们的学习、工作、生活将无法保障和进行。如果没有安全，人们将终日与危险相伴。如果没有安全，国家将动荡不安，社会将毫无秩序。小到个人，大到社会、国家都需要安全，可见安全问题关系你我他，是与我们密切相关的，不能分离的。

学校是我们学习成长的摇篮，我们同样需要安全。学校对我们进行安全教育，为我们配备安全设备，都是学校对学生安全的重视。每个学期进行的安全活动周的主题正是安全。在此期间，校领导、老师、同学全员参与，真正地做到安全教育落到实处，安全思想深入人心，进一步完善了我校安全保障制度。为了让理论与实践相结合，我校又相继进行了火灾、地震紧急疏散演习。通过参与演习，我深深体会到，对于危险事件，防患于未然是多么重要。周围的同学也掌握了紧急状况下自救和救人的相关知识，可以说，这次演习是非常成功的，收到了良好的效果。各个专业部还把演习的照片展示出来，同学们看了之后都感悟很深，觉得学校把安全问题放在了重要位置，也通过亲身体会明白了安全问题关键在个人自身的觉悟。我们每位同学就是一个点，如果我校每位同学都能注意安全，我们这些点就能连成线、结成网，这么一来就会形成一张很大的安全网。有了这张网，我们便会处在安全保障之下，享受自由快乐的学校生活，无忧无虑地学习，幸福健康地成长。

作为一名学生干部，我将以身作则，首先提高自己的安全意识，巩固自己的安全知识，进而积极帮助学校组织各类安全教育活动，并努力帮助其他同学掌握安全规范。

同学们，让我们这张"安全之网"连接得更加紧密吧！只要我们用心，只要我们努力，我相信大家一定都能做到！

以上就是我的发言，再次感谢校领导，感谢老师和同学们！

情景二：学校组织了一次以"学好文化，注重实践，建设祖国，共创未来"为主题的演讲比赛，在校所有学生都可以报名参加。你作为参赛选手，以"我们是未来的建设者"为题进行演讲。

老师们、同学们：

大家好！今天我演讲的题目是"我们是未来的建设者"。

"我们是共产主义接班人，继承革命先辈的光荣传统。爱祖国，爱人民，鲜艳的红领巾飘扬在前胸。不怕困难，不怕敌人，顽强学习，坚决斗争，向着胜利勇敢前进，向着胜利勇敢前进，前进，向着胜利勇敢前进，我们是共产主义接班人。"

我想这首《少年先锋队队歌》大家一定都很熟悉，是的！我们是唱着这首歌曲长大的，不但我们唱，我们的父母从小也唱。同学们，你还记得自己刚刚佩戴上那鲜艳的红领巾的时候是多么自豪吗？你还记得你唱这首歌的时候所铭记的建设社会主义的伟大志愿吗？我们应该记得！因为作为一个中国少年、一个中国青年，这是祖国给予我们的光荣使命，是前辈们对我们的嘱托和期望，这中间包含着深深的期

盼之情。是谁的期盼？是那些在解放中国的浴血战斗中牺牲的却永远也看不到新中国现在繁荣昌盛的前辈，是那些经历了无数风风雨雨革命岁月的却渐渐老去的前辈，是那些希望看到祖国的未来有我们的建设成就的高瞻远瞩的革命家和领导人。我们要做共产主义接班人！共产主义是我们国家光明的未来，我们要奔向未来，我们要一同把未来托举！

然而，随着年龄的增长，这样的红色歌曲你或许已经渐渐遗忘。或者，那些革命前辈的身影在你脑海里也已经渐渐模糊，甚至，近在眼前的家长的嘱咐你都早已经抛在脑后了。21世纪是一个全新的世界、全新的天地，但是，曾经唱着"我们是共产主义接班人"的我们现在终日所迷恋的却是流行歌曲、网络游戏，还有所谓的非主流。不少人接受了颓废、迷茫的思想，很多人把这种思想当做自己生活的理念，就这样堂而皇之地过上了所谓的新生活，而且"非主流"少年与青年也渐渐增多，这样下去我们还能建设国家吗？人们都"非主流"了，未来还有谁去倡导主流呢？难道这就是国家的接班人吗？梁启超说过：少年强则中国强。我们祖国的强大，需要的不是软弱无知、糊涂萎靡的少年，我们必须振作，我们要奋发图强！

看看这个世界，科学文明在不断发展，历史的车轮在前进的道路上比以前更快了。新世纪里大量的人类文明成果迅速涌现，全球经济合作进一步加强，并在未来将会更加紧密。我国要在21世纪中叶成为中等发达的工业化国家，这就需要我国的工业技术迅速发展起来，过去饱尝了落后挨打的中国尤其要注意这一点。我们体会不到旧中国所遭受的磨难，所以，我们更应该铭记老一辈革命先烈对我们的嘱托，奋发努力，建设祖国。

网络是当今世界信息高速交流的工具，我们要正确使用它，学习好的东西，摒弃坏的东西，不能沉溺于网络。我们不要迷失在那些虚拟的世界当中，那会使你陷入不能自拔的黑暗之中，我们也不要游荡在深夜的街头，那会让你的精神感到迷茫，让你失去人生正确的方向。

如今，我们不但要时刻铭记"我们是社会主义接班人"，我还要说："我们是未来的建设者！"

未来的天地更加广阔，未来的世界更加精彩！未来，我们要建设好自己的祖国；未来，我们还要在世界的舞台上唱响属于自己的歌！

知识是打开未来大门的钥匙。作为学生的我们，树立远大的理想，铭记伟大的誓言，都要从现在做起。知识就是我们建设的力量，我们要成为高素质的劳动者，就要掌握高科技。工业化国家不是一个人一夜之间就能建设起来的，它需要千千万万像我们一样的少年、青年不断学习，努力成长，并在未来实现。要知道，现代化的机器设备是由高素质的技术工人制造的，无数高精尖产品是由高素质劳动者制造的，新型工业化道路上的生力军是未来的我们！同学们，大家行动起来吧！你们有未来的梦想吗？如果有的话，从现在做起，从点滴做起，吸取每一点知识，学好每一门专业。我们要做技能型的人才，不要吝啬你稚嫩的双手，用它来开创属于我们的新世纪吧！我们还要宣誓，这是新世纪的誓言：

我们是共产主义接班人，我们是未来世界的开拓者，那些过去的岁月，我们牢记在心里！未来祖国的建设，我们永不停息！永不停息！

我们要让祖国知道，老一辈的嘱托，人民对我们的期望，父母对我们的希望，我们自己的梦想，还有那首久久传唱的歌曲，我们都不曾忘记，而且会永远铭记！

未来终究是属于我们的，飞驰吧！少年！

老师们、同学们，我的演讲结束了，谢谢大家！

2. 辩论

情景一： 下面是学校组织的"辩才之星"辩论大赛，你是专业部代表队的辩手之一，将要进行的是一场围绕"物质文明重于精神文明"还是"精神文明重于物质文明"所展开的辩论。你作为开辩第一轮辩手对你方论点进行两分钟的阐述。

正方——

尊敬的各位评委、老师们、同学们：

大家好！

我是正方代表队的1号辩手，今天能登上这个辩论台，接受各位评委的点评，并向反方同学学习，我感到很荣幸。

我方认为"物质文明重于精神文明"。大家都知道世界是物质的，世上诸多事物都是由物质来构成的，物质是世界的基本构成元素。大到宇宙天体，小到分子、原子，这些都是客观存在的物质。我们日常生活所居住的房屋，交通运输所依靠的车辆，一日三餐所吃的食物，身上穿的衣服，就连我们的身体都是物质的，可以说人的生活四要素"衣食住行"都是物质的，都与物质紧密相关。从远古时代原始人落后的茹毛饮血到现代人类文明的高品质生活，从人类徒步跋涉到现代蕴含了高科技的飞行器，从远古的结绳计数到现代的高运算速度的计算机，从古代对天空神灵的崇拜到现代人类的宇宙飞船遨游太空，这些都代表了人类物质文明的进步与发展。而精神文明是思想，是意识，是文化，是符号，是在物质基础上衍生出来的。没有物质，精神将无法存在，将是无源之水、无本之木。所以，我方认为：物质文明重于精神文明！

反方——

尊敬的各位评委、老师、同学们：

大家好！

我是反方代表队的1号辩手，希望能接受评委与老师的指点，与对方交流、学习。

我方认为"精神文明重于物质文明"。想来大家注意到了，刚才正方说精神文明是思想、符号，意思是没有什么使用价值或是虚无缥缈的。其实正方1号辩手犯了严重的逻辑错误！诚然世界是物质的，甚至在地球生命没有出现之前地球就是物质的，但是我们现在的人类社会是怎样演变而来的呢？换句话说，人类是如何有了今天的模样？人与猿的重要区别何在？恐怕正在于人是有精神和思想的！请问：人是怎样进化来的？是猿猴吃了什么增强进化的超级食物了吗？当然不是！科学研究证实，从猿到人的转变过程中，劳动起了关键作用，其中人们的劳动和使用火的活动凝结了类人猿的思考。没有思想，没有精神的支配，人类就没有直立行走，就没有属于人类的第一堆火。正是人类精神文明的进步，才带来了人类文明发展。那些伟大的思想变革引导着世界不断发生着各种变化，我们的世界才有了今天的面貌，才有了人们引以为荣的衣食住行、计算机、航天器等。所以，我方认为：精神文明重于物质文明！

情景二：经过四轮正反方激烈的辩论，辩论大赛评委会对双方的辩论进行点评。
评委代表发言：

很高兴能参与今天这场辩论会的评判工作。我首先很肯定地说，正反双方的辩论都很精彩，请大家再给他们一些掌声！（观众掌声）

先说说正方的观点"物质文明重于精神文明"。正方的辩手在阐述这一观点的时候，紧紧围绕世界是客观物质的这个论点，特点是中心明确，举例详尽，例子多了就有说服力，是值得肯定的。总的来说不错，但是在变化方面有些欠缺，正方强调物质文明，但是却忽略了与精神的关系，也可以说没有处理好物质和精神的博弈关系。所以，正方失误在论述刻板、过于机械上。以后要注意多加变化，这样才能以新颖制胜。

再说说反方。其论点是"精神文明重于物质文明"。辩论刚开始，我还有些为反方担心，因为精神方面确实不怎么好说，但是，今天反方的成功之处就在于把不好说的阐述得非常好，化被动为主动，力求变化，很多地方都有创新，论点新颖，语言幽默，极大地吸引了观众的眼球。反方针对正方的观点，处处击破，恰到好处，且有理有据，能做到这些很好。

最后，经过我们评委会老师的评判，一致认为反方获胜。（欢呼声、掌声）但是，我们都知道，这是一场辩论会，目的是让大家通过辩论增长知识，更加清楚地认清物质文明和精神文明的关系。其实，物质文明和精神文明是同等重要的，缺一不可。物质文明是精神文明的基础，精神文明促进物质文明的发展，它们相互作用、相互促进，共同推动我们人类社会的发展与进步。

好了，感谢我们的辩手精彩的辩论和观众朋友们的支持！今天的辩论比赛圆满结束。

四、礼仪小贴士

1. 演讲稿

（1）演讲要有一个好的主题，尽量针对实际问题确定题目。
（2）演讲之前要广泛收集资料，认真加以筛选。
（3）演讲的开头要吸引人，中间要有理有据并能打动人心，结尾要干脆利索。
（4）演讲稿应该是一篇优美的文章。
（5）上台演讲前要熟记稿子，反复试讲，进而树立信心。
（6）演讲过程中力戒假话、大话、空话。

2. 演讲时的注意事项

（1）演讲稿的内容要能够感动人心，演讲时要有表情，始终充满感情。
（2）演讲者的着装要整齐，既体现自己的风度，同时也是对听众的尊重。
（3）演讲者要根据听众的反映适当调整自己的情绪。

（4）演讲要讲究谋略，内容要有议论，有抒情，有呼应，而且要幽默。

（5）演讲就像一首优美的音乐，一次好的演讲要把握住节奏，有起有伏，这样才能给听众留下深刻的印象。

3．辩论的准备

（1）辩论者首先要有参与辩论的冲动，积极主动，希望通过辩论锻炼自己、提高自己。

（2）好的辩论需要充分准备，选好有可辩性的题目，选好辩手。

（3）要想通过一次辩论活动就让自己的辩论技巧明显提高是不可能的，应该多加练习。

4．辩论时的注意事项

（1）辩论时要注意彼此尊重，以辩会友，互相学习，不能相互敌对、互相贬低。

（2）辩论时要做到观点鲜明，论述严密，有理有据，口齿清晰。

（3）反驳对方要从事实、观点、逻辑、常识等各方面入手。

（4）辩论需要有准备，但又有很强的可变性，这就要求辩手应该机敏灵活，随机应变。

（5）辩手的个人能力强很好，但要时刻注意发扬团队精神。

五、模块拓展

1．要多为他人着想

（1）人人为我的前提是"我为人人"。给人以方便，也方便了自己。

（2）助人为乐是一种美德。美德的体现有时需要做出一点牺牲和奉献。

（3）心中时刻为他人着想，体现了无私的爱，不能事事以自我为中心。

（4）送人玫瑰，手有余香。为别人服务，也是给自己铺路。

2．珍爱生命

（1）生命是宝贵的，对于每个人只有一次。

（2）生命是无价的，不能被随意剥夺。遇事要冷静，以理智的言行处理矛盾。

（3）生命是有限的。一个人活到80岁，不过约有29200天，多么短暂，何其宝贵。所以，我们不能浪费每一寸光阴，要有计划，有目标，充实地度过每一天。

（4）我们要热爱自己的生命，同时也要热爱别人的生命，不要自残或伤害他人。

3．吃得苦中苦，方有甜中甜

（1）要知道，世界上没有免费的午餐，任何成果都要靠努力得来。

（2）你的付出，也就是你吃的苦，是和你的成功大小成正比的。

（3）吃苦能使我们的意志磨炼得更加坚强。坚强的人才能不惧坎坷、战胜困难。

（4）吃过苦之后，才能珍惜得来的成果，才能更加忆苦思甜。

4．态度积极的人生

（1）人的行动是思想支配的，积极的思想支配积极的人生。

（2）态度决定一切。好的态度能使你的行动更加有效。灰心丧气不能解决任何问题，反而会让路越走越窄。

（3）如果没有一个明确的态度，你就没有目标，就会变得茫然、自暴自弃。颓废的态度会让你的世界黑暗，失去行动的动力，前途黯然。反之，人生才有意义。

（4）积极的态度会为你迎来一个美好的明天，会让你走进生命的春天。

六、体悟人生

公德之树

有一个村庄，村里的人们一直过着平静的生活，日出而作，日落而息，日复一日，年复一年。在村子的后山上有一片树林，这片树林存在很久了，老村长总是时不时地去看看那片树林，而且嘴里面总是念叨着："这是祖宗留下来的，是全村子的……"

村民们都很听老村长的话，因为他是村中最有威望的人，所以，后山那片树林没有人去破坏，树林中的树木长得很繁茂。村里的人不知道这片林子是什么时候就有了的，只知道它已经存在很久了。昔日在树林中爬树掏鸟蛋、嬉戏打闹的孩童，渐渐地变成了老人，他们的子孙同样会在树林中游戏，一代又一代。虽然斗转星移，但是树林还保持着原样。

偶尔有人试探地向老村长打听："村长啊，您看我家小子就要成家了，可是家里还没有一件像样的家具哩，能不能去后山砍棵树？"老村长听了生气地说："敢？！谁要砍树谁就别在这村里头待了！"试探者听后灰溜溜地走了。老村长总是说："那是村子的林子！祖宗留下的！"就这样，树林一直处于平静之中。

直到时间到了现在。

社会发展快了，原来祖祖辈辈生活在村子里的人渐渐地走出了山村，人们见识也广了，尤其是年轻人。又有人把目光投向了村子后山的树林，开始偷偷地砍树了。老村长年老了，体力虚弱的他已经没有力气去阻止贪婪的人们，躺在病床上的他只能悲伤无奈地望着渐渐光秃的后山，流泪不止。"是祖宗留下的，是全村子的，你们不能糟蹋……"老村长还在念叨着。但是这个时候，已经没有人再听他说什么了。

天有不测风云。洪水泛滥，百年一遇。整个村子眨眼之间汪洋一片。人们惶恐地求救，哭天喊地。这时候，终于有人发现了救命的稻草，高喊道："快来村口，还有条生路！"人们涌向村口，可是这时的村口通向村外的大道处有一条十米长的洪流，根本就过不去。"快去后山砍棵大树，抬来当桥，咱们就能逃命了。"有人提议。是啊，大家想到了那片树林。可是，当人们来到后山的时候，看到的却是一个个伤痕累累的树桩，竟没有一棵完整的大树。

这时候，村民们开始后悔当初没有听老村长的话。是啊，村子的树林，是村民共有的财产，不是属于个人的，这是需要大家共同来维护的，如果任人破坏，后果是毁灭性的。

其实，故事中的树林代表了我们社会的公共道德，而不断砍树的人就是那些破坏公共道德的人。公共道德是人们由古至今，在不断探索中积累起来的共识，是需要共同遵守的维护公众利益的道德规范。作为社会中的公民，我们有义务遵守公德，我们要努力保持这样一个公德社会。只有这样，社会才能在公德的规范下秩序井然地发展。如果我们都去破坏社会公德，社会的面貌将会处在没有道德的状态下，人们没有秩序，没有友情，随意破坏公物，毫不爱护公共设施，你生活在这样的社会中，会有何感想呢？对于每一个人来说，社会公德约束了我们心中错误的思想，激发了我们内心美好的思想。我们的国家要发展，要前进，离不开公民的公德。总之，社会的美好需要公德，让我们都遵守公德吧，让我们把公共道德的美好种子撒向社会的各个角落！

门前的向日葵

小时候我住在一所家属院的平房里，屋子对面是厨房，中间有一条两米宽的小路。清明前后，姥姥总要在房檐下小块的空地上撒几粒头年选好的葵花籽，浇点淘米水。几天后，有小芽破土而出，引来我和兄弟姐妹围观，并学着姥姥的样子松土、除草，扎起一小圈篱笆。日头太毒的时候，还在芽前插上纸片遮阳。忙忙乎乎的期盼，全为了秋天吃上炒瓜子。40多年过去了，那种瓜子的味道还留在我的记忆里，特别是开花的向日葵更是常常在我的梦中摇曳，唤起我对它的热爱。

向日葵的生命力十分旺盛。只要有一点土，即使夹杂着灰渣、碎砖、瓦块，它依然会挺直身子，奋发向上地成长。忘记浇水的时候，天上掉几滴雨就能为它注入新的活力，催它开花结果。

向日葵的花美艳而独特，引得蜜蜂蝴蝶飞来飞去。那结籽的圆盘周围长一圈叶子，黄澄澄的，鲜亮亮的，不是同时绽放，而是三五片三五片地从花心弹开，有的舒展，有的卷边，梦幻般地在轻风里颤动，时时引发我无限的遐思。上大学时，见到书上印的梵高所画的《向日葵》，虽不喜欢它们被插入花瓶，但那蕴藏着生命活力的热烈色彩，仍然令我激动不已。

向日葵也是无私的。那像扇子一样的叶子给夏日的人们送去一份荫凉。缺乏玩具的孩子会摘下一片，"扇面"搭在头上，"扇把"被折成链状挂在脖子和耳朵上，摇晃着当"首饰"。饱满的籽儿榨油或炒食同样营养丰富。主秆干枯后可供烧火做饭。它把自己从头到脚献给了人类。

住进楼房后很少能见到向日葵，但从前家门口向日葵的影像在大脑里愈来愈清晰了。

青春·汗水·奉献

22岁的小伙子刘美龙是太原市公共自行车服务公司的维修工，几乎每天都会头戴红色工帽、身着深蓝色工服，骑电动车带着两大包工具穿行在大街小巷各公共自行车服务点。

刘美龙曾在一家品牌自行车企业做过技术员，年轻、懂事、有技术，还能吃苦，让企业老板至今对他"念念不忘"，隔一段时间就会打电话"问问"近况。刘美龙是2013年应聘到公共自行车公司的，收入降了，活儿反而重了，每天早出晚归，家人都心疼，可小刘自己觉得没啥，还说这样挺幸福。

一次，已经到了午饭时间，他的手机突然响起，原来是一名市民无法开锁还车打来"救急"电话。小刘匆忙骑车赶到租车点，帮当事市民清除了故障。就是那一次，市民临走时的一声"谢谢"，让他感动了好久，也让他第一次体会到工作的价值和意义。

2013冬天，小刘的妈妈突发急病，接到姐姐打来的电话，他顾不上换下工衣，就急忙赶到医院。排队挂号时，一名医生主动上前询问："小伙子，你是公共自行车公司的工作人员吗？"小刘不知原因，茫然地点点头称是。那名医生表示，公共自行车方便了群众，他也要"方便"工作人员，优先提供服务。医生的话让小刘心头一热，更让他从内心更加敬重自己的工作。

2014年1月，小刘所在的公司五队接到春节前维修保养和存储100辆自行车的工作任务。时间紧，任务重，还要找一块存车场地，全队员工都很着急。这时，小刘想起自家的农村小院，自告奋勇地承担了任务。临近年底，家里、村里的事儿都很多，可自从100辆自行车进了院，他和父母就没心思忙"杂事"了，查找故障，清除污垢，100辆车全部维修保养完毕，看上去简直和新的一样，就连车轴、螺丝等细小地方，也都用牙刷清洗得干干净净。

最多时，一天要维修30多辆车，帮助管理员上、下架近千辆车，遇到紧急情况，半夜还要赶到网点帮助处理故障，但小刘说，他从没觉得这份工作有多辛苦，因为他在这里找到了自己的价值，也找到了努力的方向。每天，当看到人们高高兴兴地推着公共自行车上路，听到人们能对他们的工作和服务真诚地说一声"谢谢"，他的内心就充满了幸福感，即使再苦再累，也不觉得。

第六模块

6 法纪篇

一、案例

案例一

王某,某中等职业学校学生,案发时年仅17岁。自2010年10月12日至2011年4月30日,先后持器械抢劫曾女士等八人,造成了极其恶劣的社会影响。经某市中级人民法院审理,最终判决王某有期徒刑十四年。

王某家住农村,家境贫寒。父母望子成龙,将王某从农村送到城市求学,为的是使儿子将来步入社会后有一个好的前程。王某本应刻苦努力,认真学好文化知识,以回报父母的厚望。可事实上却相反,王某在校期间沉迷于网络而不能自拔,不但不热爱学习,而且长期与狐朋狗友鬼混,染上许多恶习,经常抽烟、喝酒,花钱如流水,经常违反校规校纪,无故旷课,不听老师的教诲,最终走上令人痛心的犯罪道路。当问及王某为什么抢劫时,他说:"经常上网,钱都花光了,连吃饭的钱都没有,就是想搞点钱。"当问到为什么不好好学习,一定要上网玩游戏时,他说:"我爱上网,控制不住自己。"

案例二

2010年10月,A班李某在下晚自习集合站队时,去B班的队列中找老乡说话,正好被B班的体委王某看到。王某对李某说:"你是哪个班的?跑我们班来干什么?这是我的地盘你知道不?以后给老子学聪明点,不要到处乱窜!"李某听后不甘示弱地回答道:"你当谁老子呢?没人管教的东西,你老子早死了吧!"王某听后非常生气地对李某说:"你给我等着,等回到宿舍咱们再说!"

解散回到宿舍后,李某和王某二人不是反省自己的语言粗暴,而是纠集各自的老乡和同学在宿舍走廊手持木棍打群架,最后导致李某肩胛骨骨折,身体多处受伤。此行为在学生当中造成了极坏的影响,根据学校纪律处分条例规定,王某和李某受到留校察看处分。

李某在得知自己也受到留校察看处分后非常不解，找到老师辩解称："为什么我是受害者也受处分？这不公平！"老师对李某解释道："这件事情是因你而起的，你有责任。首先，作为A班的学生，你不应该在集合站队时跑到B班去找老乡；其次，在处理事情的态度上存在严重的误区。既然害怕回宿舍后B班体委找你麻烦，就应该及时找老师汇报情况，正确地处理此事，而不是叫自己的老乡打群架，使事情越弄越复杂化！所以，在这件事中你既是肇事者也是受害者。根据学校纪律处分的规定，凡是参与打群架的主要人员都要受到留校察看处分。后果再严重些，就得开除。"李某听完老师的解释，非常懊恼地说："以后我再也不冲动了！争取早些撤掉处分。"

案例三

张某2009年从晋北某市考入太原市某中专学校就读。他从小就喜欢打网络游戏，上初中时为了打网络游戏甚至忘记参加毕业会考，导致只拿到肄业证书。他父母看到他沉迷于网络游戏，非常苦恼，在尝试了各种让张某戒掉网瘾的办法都未成功的情况下，决定让张某去离家很远的全日制中专学校念书，心想给儿子换个环境，再加上住校，儿子兴许会专心学习，学一门技术，将来找一个好工作。没想到张某来到学校后兴奋不已，他早就想好自己未来三年的生活如何度过了！

远离父母的唠叨和管教，张某打网络游戏比原来更加肆无忌惮，什么学知识、学技术早已抛到脑后。无论上课时间还是就寝时间，他始终迷恋着网吧，迷恋于网游。最终，张某因在校期间累计旷课达到72学时以上，受到学校勒令退学的处分。当张某的父母来到学校接张某回家时，却怎么也找不到儿子，后经同班同学指引终于在网吧找到了他。父亲看到他时不禁痛哭流涕，说："我的儿子不争气！他还小，不学好知识和技术，以后怎么生存呀！"

案例四

陈某，某中等职业学校学生，2010年12月向同班同学赵某借200元钱回家。赵某见陈某可怜，又觉得是同班同学，便欣然答应。2011年1月4日陈某从家回到学校后，赵某催促陈某尽快还钱，陈某见状便对赵某说："咱俩玩爬三，只要你能赢我一局，我还你400元，赢不了我，我就不还钱。"赵某听后觉得有利可图便答应陈某。陈某回到宿舍后叫来自己的老乡李某说："咱俩合伙骗骗赵某，赢钱后平分。"李某觉得主意不错，便答应了陈某。二人合伙与赵某玩爬三，赵某连输两局，陈某对赵某说："以后我不再欠你钱！愿赌服输，天经地义！"赵某没有再吭声。

陈某在经过这次事情后更加得意忘形，他想到如果以自己的才华搞传销肯定会发大财，于是兴致勃勃地加入某传销组织。为了摧毁传销人员的意志，彻底给传销人员洗脑，传销组织不让他们吃饱饭，也不让他们喝水，还把他们随身的钱物、手机、身份证等全部没收，天天轮番给他们上课洗脑。陈某此时度日如年，甚至想跳楼解脱自己。终于有一次趁看守人员不注意跑了出来。当他回到学校后已无心学习，门门功课考试都不及格，也错过了技能鉴定考试，毕业只拿到一张肄业证书。当陈某看到自己的同学都已走上心目中理想的工作岗位，再回顾自己过去的生活，他十分懊悔。

案例五

A，男，2006年从某县考入某中等职业技术学校读书。B，女，2006年从某市考入某中等职业技术学校读书。A与B是同班同学，又是同桌，日子一长，A对B产生了好感，便对B说："你做我女朋友吧，我会永远对你好的！"B听后心中暗喜，其实自己早已喜欢上了A，尤其是他的细心和体贴让她很满意，于是欣然同意。三天后，B突然接到她前男友C的电话，问她最近怎么样，还想跟她重归于好。B听后对C说："我在学校已找到意中人，现在很开心，很幸福，你祝福我吧！"C听后十分恼火，对B说："你真是离不开男人啊！你把我原来送你的手机还给我！不然的话，我去学校天天找你！"B听后挂断电话不再理睬C。之后，C天天给B发骚扰短信，跟她索要手机。B害怕现任男友知道此事，连续几天故意躲着A。A发觉B最近十分不正常，总是冷落自己，便找到B同宿舍的舍友打听消息。当得知B是因为前任男友骚扰而故意躲着自己时，非常生气，找到B对她说："这是男人之间的事，你把他约出来，我跟他谈！"B见自己的男朋友如此仗义豪爽，感到十分幸福，便约C出来谈此事。

当A与C谈及此事时，因为话不投机二人扭打起来。B见状不知如何是好，正准备上前拉架时，突然A从上衣口袋掏出事前准备好的弹簧刀捅向C，C因躲闪不及中刀后倒地，爬起来又被B推倒。随后A与B停留片刻，拔腿就跑。事后C被路人送到医院，因肺部中刀失血过多，抢救无效死亡。经公安人员侦查破案，最后终将A和B抓获归案。因案发时A与B已满16周岁，遂对A以故意杀人罪起诉，对B以共同犯罪的共犯提起诉讼。经法院审理，A被判处死刑缓期执行（因A案发时未满18周岁，所以不能判处死刑立即执行），B被判处无期徒刑。

二、明辨是非，遵纪守法

案例分析

看完以上几个案例，让人不由得陷入深深的思考。同样是学生，一些人能取得奖学金，另一些人却受到严厉的纪律处分；同样是学生，多数人能够顺利毕业，极少数人却只能肄业；同样是学生，很多人都已走上心目中理想的工作岗位，有的人竟然不得不在监狱中懊悔。认真思考上述案例，我们既要为他们的种种失误感到惋惜，也要从中吸取教训。

首先，要正确处理同学之间的矛盾。人与人之间有矛盾在所难免，是可以通过正常途径解决的。如果是小矛盾，只要当事的同学有较高的觉悟，心平气和地把话说开，相互谅解，完全可以通过忍让而顺利化解矛盾。常言道：宰相肚里能撑船。越是修养高的同学，越有包容心，越能在矛盾面前沉着冷静，从而化小矛盾于无形之中。如果矛盾较大，就要通过班主任来解决。在家靠父母，在校找老师。通过班主任解决矛盾是明智的选择。假如不通过班主任，而是通过打架或是通过找自己的老乡、同学、亲戚等解决，往往会扩大事态，造成不好的影响，最终得不偿失。当然，如果对班主任的处理结果不满意，可以去找学生管理部门与部门领导解决。假如对部门的处理仍不满意，可以再找主管校长反映，以求合理解决矛盾。实在不行，可以报案，通过公安局、检察院、法院解决，万不可挥拳动刀子。当遇到同学之间有矛盾时，一定要正确处理、冷静处理！

其次，要坚决戒掉人人痛恨的网络之瘾。网瘾危害之大，就连很多当事人也清楚。网瘾犹如赌瘾、毒瘾，一旦上瘾，轻则荒废学业、伤害亲人或同学之间的感情，重则引起违法违纪，甚者会引发刑事案件，让人追悔莫及。对于戒掉网瘾，主要有三点建议：一是牢记危害，远离网游，平时要以学业为重，课余时间的娱乐以打球、下棋等校园文化活动为主。可以在家中或者学校机房的允许时间内玩一玩小游戏，如连连看、弹球等小游戏。二是自己制订严格的措施，限制自己的上网时间。比如，为自己定下只能在课余时间上网的规矩，不能旷课玩游戏，每违反一次就自我惩罚一百个俯卧撑或者处罚自己跑3000米。通过自我坚持，有毅力且网瘾不大的同学能够很快摆脱网瘾。三是告诉老师、家长，寻求监督与帮助，逐步戒掉害人害己的网瘾。同学们，让我们相信，有志者事竟成。脱离网瘾，明天会更好！

再次，要做到知法、懂法、守法。一是提高遵纪守法意识，平时养成遵章守纪的习惯，莫以恶小而为之，否则，很可能会一步步走向犯罪的深渊。二是认真学习，勤于思考，做到知法、懂法。因为不知法而犯法的人是可怜却不值得同情的人。三是严格要求自己，做到懂法、守法。无论赌博、偷盗，还是诈骗、抢劫，都是严重的违法行为，千万不能抱有侥幸心理去尝试。

以上三个方面的分析，既包括做人、做事的道理，也包括树立正确的人生观、是非观的道理。我们只有明辨是非，心无旁骛，才能走好美好而短暂的人生之路。最后让我们牢记毕达哥拉斯的一句话："思而后行，以免做出蠢事！"

三、学习相关法律

查阅并学习《中华人民共和国宪法》《中华人民共和国刑法》《中华人民共和国民法总则》等相关法律法规，可参见"全国人民代表大会"等官方媒体。

作业：1. 回想一件你听到或看到的违法违纪事件，结合本模块所学内容，谈谈应该接受怎样的教训。

（1）_____

（2）_____

（3）_____

（4）_____

（5）_____

2．为什么说宪法是根本大法？
3．我国的最高权力机关是什么？
4．我国公民的基本权利和义务是什么？
5．什么是犯罪？我国刑法的任务是什么？
6．我国刑法规定的主刑与附加刑是什么？
7．自首和立功、数罪并罚、缓刑、减刑是什么意思？
8．民法调整什么人和组织之间的什么关系？
9．无民事行为能力人、限制民事行为能力人、完全民事行为能力人是什么意思？
10．民事权利与民事责任的主要内容是什么？

第七模块

7 安全篇

安全是我们生存与发展的重要保障。安全是人生与社会永恒的话题。没有危险、不出意外、安定平静、秩序井然，对于每个人都是那么重要。无论身处何处，无论学习、工作、生活，我们都需要安全，如同离不了空气、食物与水。这一点在我们安全的时候甚至都没有特别意识到。而一旦失去安全，就会带来麻烦、遭受损害，甚至转眼之间酿成悲剧。只有提高安全意识，注意规范自己的行为，才能确保安全，尽量避免安全事故，使大家平安幸福。

一、人身与财产安全

（一）注意事项

（1）不携带、私藏管制刀具。

不乱接电线、改动电源，在指定地方充电。不许私用热得快、电炉子、酒精灯等，到指定地方打热水，到食堂吃饭。不在宿舍饲养、玩耍猫狗等宠物，以免感染动物带来的疾病，或被动物咬伤发生不测。

（2）不抽烟、饮酒，不得携带、使用打火机，不玩火。

（3）在集会、上操、就餐、上下楼梯、进出教室等人员密集的场所，不得打闹、推搡、拥挤、起哄、恶作剧等，要遵守秩序，防止发生混乱、打架、踩踏等问题。

（4）不沉湎于网络暴力游戏，以免分不清虚拟世界与现实世界而违法犯罪。

严禁拉帮结派、以大欺小、以强凌弱、谩骂打架、敲诈勒索、偷盗行凶、模仿黑社会等。遇到矛盾，要讲情、讲理、讲法。不要脑子一热就以拳脚相加、挥棒舞刀等方式解决问题。一失足成千古恨。害人者必害己。

自己难以妥善解决的问题，要找老师、班主任、学校保卫部门、系部领导、校领导来合情合理解决。紧急情况可以拨打110报警。有些情况下宁舍财先保命。遭遇极端的情况下可以采取正当防卫。

（5）不要将贵重物品放在宿舍等处。不将存折、银行卡、支付宝等密码告诉他人，包括自认为十分要好的同学、朋友。保管好自己的手机。不在书包里和身上装较多的现金。

（6）在使用手机和上网时，不随便打开可疑的链接。不随便与网友见面。不参与黄赌毒、传销、迷信等违法犯罪活动。

（7）不要相信天上掉馅饼一类的事。对于以少换多、以贱换贵、中了大奖、动动手指就赚大钱一类的事，一定要小心谨慎、提高警惕，一旦犯迷糊就会上当受骗。

（8）不轻易将身份证借给他人。不随便让他人使用自己的手机与计算机。对陌生人不能泄露身份证号码、手机号码、家庭住址、家庭成员与财产状况等信息，以免遭受人身伤害与财产损失。

（9）接到家人住院需交押金、出了车祸需要钱抢救、被绑架需要交赎金等电话、短信、微信，必须与其本人、家人等亲人核实，或见到家人，切不可匆忙到银行汇钱、通过手机转账给对方发来的账号。

（10）清清白白的你，对于自称公安机关、检察院、法院、海关、边防、税务、解放军、武警等人员，打来电话或发来短信、微信，说你涉嫌违法犯罪，比如贩毒吸毒、诈骗传销、绑架走私、偷税漏税、赌博色情、拐卖妇女儿童、私藏危险品、邮寄或网购违禁品等，需要将你个人的资金转入一个所谓公家设立的安全账户，以保障资金的安全，等事情查清楚后再打入你的账户，还神神秘秘嘱咐你不得将此事告诉第三人，否则后果自负，对方分明就是骗子。不要慌张，不必理睬，也可以打110报警。

（二）抽烟喝酒引起的疾病与问题

抽烟、喝酒会造成遗传基因异常、心律不齐、冠心病、呼吸急促、血液变稠导致流通不畅、脑卒中、脑栓塞、气管发炎、肺部发生病变、肝脏受损、皮肤干燥、头发脱落、精神萎靡、情绪激动、粗鲁无理、行为失态引发矛盾与冲突、污染环境、毒害他人等多种疾病与问题。青年学生在校期间及将来走向社会，都应当远离烟酒。

（三）特别提醒

11月17日是国际肺癌日。专家提醒广大民众，吸烟者比不吸烟者患肺癌的概率高出约10倍。预防肺癌，不吸烟、戒除吸烟是最关键的。

2017年中国新患肺癌的人数达80万。在各种癌症死亡的病例中，每3至4人中就有一个是肺癌患者。导致患肺癌的原因有吸烟、职业接触、肺部慢性病、遗传基因易感性等，吸烟排在第一。吸烟是患肺癌的最高危因素。

烟草燃烧产生的烟雾里有2000多种有害物质，如尼古丁、氰氢酸、氨、一氧化碳、二氧化碳、吡啶、砷、铜、铅等；还有40多种致癌物。它们随吸烟者吞咽烟雾时进入体内，对机体产生严重危害。吸烟能引起百种以上疾病。

吸烟是一种耗费钱财、害人害己的愚蠢行为，有百害而无一益。除了害自己，二手烟还会害了家人、同事、亲朋好友等。为了自己和他人的健康，请远离烟草、尽快戒烟。

（四）案例与教训

案例一 张某躺在宿舍床上抽烟，迷迷糊糊之间使得烟头点燃床单，差点把宿舍烧了、把自己烧死。幸亏同学灭火及时，没有造成更大的损失。但曾经英俊的张某脸上留下了永久的疤痕。手术与赔偿共计花去八万余元，张某因此差点被学校开除拿不到毕业证，留下终身遗憾与痛苦。

教训 吸一支烟似乎死不了人。日积月累，由量变到质变，疾病自然就来了。全世界每年因为吸烟要死几百万人。费了钱而害了自己和别人。除了能引起疾病，乱弹烟灰、乱扔烟头也很不卫生。烟头表面温度有几百度，乱放乱扔会引发火灾。

案例二 李某晚归，着急回宿舍，为图省事，翻越学校围栏。一不小心，从将近两米高的栏杆掉下，摔得臂部骨折、尾骨骨裂。只因不愿从大门进入，贪图少走几步路，结果住进了医院，花冤枉钱、忍受痛苦、耽误功课。

教训 人们做事情常常追求舒服省事，这也是人的一种本性。但许多事情不能省事。回宿舍晚了，向管理员说明情况，哪怕做检查，都是正确的办法。

案例三 十七岁的贺某喜欢玩网络游戏，不料挺值钱的两样装备被盗。人们说网游是虚拟的，但买装备是花了钱的。贺某经过调查，发现是附近一所学校同样十七岁的晋某盗走了自己的装备，便约对方见面解决一下问题。晋某藏了一把水果刀赴约。贺某要求还装备，晋某不还。二人拌了两句嘴，动起手来。你一脚，他一拳。贺某将晋某摔倒在地，一下骑到晋某身上。晋某突然抽出刀子，一刀刺破了贺某左肾脏。贺某在被送往医院的路上身亡。一个鲜活的生命逝去了，一个无知粗野的小伙子被判刑入狱，等待他的是漫长的牢狱生涯，大好的青春时光就要在失去自由的痛苦中度过。

教训 年轻人火气大，遇到矛盾要冷静。网络游戏要尽量远离，更不能沉迷其中难以自拔。

案例四 下了晚自习，同学们纷纷涌出教室准备回宿舍。走廊里灯坏了，还没有来得及换新的。毛某突然用凄惨的声音高喊："鬼来了，快跑呀。"同学们顿时乱作一团，争着往楼梯口挤。一场踩踏事故就这样发生了。造成两名同学被踩死亡，多名同学被踩受伤。

教训 开玩笑要看时间、地点、对象，且要有度。起哄、恶作剧的事最好别做。人多的地方要注意安全。再遇到这类事，拥挤使人跌倒了，里边的人要回头有节奏地喊"往后退"。大家冷静下来，恢复秩序，才能避免惨剧发生。

案例五 齐某在网吧玩电子游戏机，一人提醒他掉了钱。齐某侧身弯腰拾钱，另一人偷走了他放在桌子上的手机。

教训 齐某拾起的几块钱根本不是他掉的，是犯罪分子故意丢的。两名犯罪分子互相配合，轻而易举偷走了他一千多元的手机。一些网吧就是是非之地。有时候一不留神就丢了财物，有时候被坏人串通诬陷偷了别人的东西。个人要保持警惕，不进或尽量少进网吧，更不要在网吧玩通宵。

二、交通与消防安全

（一）交通安全

交通安全无小事。说来不幸，世界上每分钟都有人死于交通事故。在全世界每年的交通事故中，有数十万人离开人世，有上千万人受伤。

我们每个人都是交通参与者，对交通安全应予以高度重视。

1. 注意事项

（1）行人在马路上要走人行道，不要为了省事抄近道或任意穿行。按照信号灯指示或交通警察指挥采取行动。

宁停三分，不抢一秒。各种情况的路都要在确认安全的情况下再通过。

（2）不翻越道路上的栏杆。不得步行或骑车上高速路或城市主干道。

（3）不得改动电动自行车线路、增加电池数量以提高速度，否则容易引起着火。电动自行车充电时，要亲自在旁边或有值班人员在场。

（4）开车不饮酒。酒后驾车十分危险。酒驾、醉驾要受罚、判刑。酒后也不宜骑车、出行。

（5）骑摩托车、脚踏自行车、电动自行车都要遵守交通规则，不得闯红灯，注意避让行人，尤其要注意老人、儿童。

（6）走路、骑车、驾车时，不接打手机，精力集中，保持警惕。

（7）严禁携带易燃、易爆、剧毒、放射性、裸露的腥臭污秽物品等危险品、禁运品，去乘坐汽车、火车、飞机、轮船等公共交通工具。

（8）不要为了省事、图便宜、赶时间而去乘坐超载、超重、客货混载、已经报废等违规、违法的交通工具。

（9）学会必要的灭火、医疗急救措施与方法。遇到意外该报警的要报警，能采取有效措施的正确及时采取行动。

（10）发现重大安全隐患，不仅要保障自己的安全，还应予以举报从而保障大家的安全。

2. 案例与教训

案例一　郭某喜欢听音乐，走路与乘车常常把耳机塞入耳中。一日，经过一个道路狭窄的路口，他仍然十分专心地听手机播放的音乐，没有听见汽车的鸣笛。司机刹车不及将其撞倒，郭某摔折了右胳臂。

教训　现在道路上车辆太多，道路交通情况复杂，走路就得多加小心。当时，撞郭某的车辆速度较慢，要是速度快就会出更大的事故。司机是正常驾车，只怪路人自己太不注意。

案例二　鞠某喜欢快步走锻炼身体，走了一段时间效果很好。后来听人说倒着走锻炼效果更好，于是倒着走起来。一开始走得慢，没出事，只是觉得效果和正向走差不多。他想，那就快些倒着走吧。结果，一不小心摔倒后被一辆电动三轮车撞了，致使鞠某腰部受伤。

教训　锻炼身体是好事，但要注意方式方法、力度强度、环境安全等，否则反倒会受伤害。

案例三　荣某边骑电动车边接听手机，一不留神撞了一个手提菜篮子、步履迟缓的老太太，家长为老人家看病花去近三万元。

教训　在路上步行、开车、骑车，都是交通参与者。骑车的时候手机响了，应看清楚周围情况,停到路边安全的地方再接听电话。边骑车边接听手机,存在安全隐患。对路上的老人、小孩更要多加注意。

案例四 刁某为省车钱,搭顺风车回家过年。一个只能载客七人的面包车挤了十一人。由于严重超载,车辆在一个拐弯处翻倒在路边的地里。一人头部遭受较重的碰撞不幸身亡。一人脊椎受伤严重导致瘫痪。其他人都受了不同程度的伤。刁某的肋骨也断了两根。各家的春节都没过好。

教训 安全第一,生命无价。有些钱是不能省的。乘坐超载车辆很危险,只是有人没有意识到这点,常常是出了事才后悔。

案例五 宫某乘坐一辆旅游车奔往山里一个著名景点。司机和导游再三叮嘱游客不要把手和头探出车窗。盘山路道路狭窄,有的树冠几乎要挨着车体了。看着车窗外漂亮的树叶,宫某想抓两片夹到书里留个纪念。他猛地开了车窗伸手去抓树叶,不料一根树枝划破了他两根手指。鲜血滴在他身上和座位上。幸好车上有急救包,导游给他包扎好伤口。只是手上的伤使得他心情很不好,给他的三日游带来诸多不便。一次美好旅行被自己的一个轻率动作毁掉了。

教训 无论在哪里,都要遵守规则、纪律、秩序、章程,才能确保安全。这次事故所幸只是伤了手,伤势还不太重。要是他探出头去,麻烦就大了。

(二) 消防安全

俗话说水火无情。火灾猛于虎不是虚妄之言。有资料显示,全世界平均每天发生火灾上万起,平均每天有数百人在火灾中丧生。火灾给人们造成的生命财产损失实在太大了。每个人必须对此引起高度重视,切不可掉以轻心。人人都要注意消防安全。

1. 注意事项

(1) 禁止在宿舍、楼道等处私拉电线。严禁使用蜡烛、劣质照明电器、热得快、酒精炉、电炉、电磁灶、电饭煲、电热毯、电热杯、液化气罐等。

(2) 严禁在宿舍、教室等处焚烧垃圾废纸、燃放烟花爆竹等。

(3) 禁止学生吸烟,不得携带、玩弄打火机。严禁携带、存放各种易燃、易爆、腐蚀、毒性、放射性物品。

(4) 不得在通道、出口堆放杂物。不得堵塞、占用消防通道。严谨破坏、挪用、损坏消防器材。

(5) 到了不熟悉的环境,先看看消防通道与器材的位置,有备无患。

(6) 在图书馆、实验室、实训场地等处,除了遵守一般的防火规定,还应当遵守专门的须知、手册、操作规程等,接受老师、师傅、管理人员的教育,认真听取有关的提醒与安排,引起特别的注意并落实于行动。

(7) 抽一点时间阅读学习《消防法》。积极参与消防演练、演习。学会使用干粉灭火器。

(8) 火灾多由人们疏忽大意引起,但是也有其他原因。比如,老鼠咬坏电线导致短路也会引发火灾。对此类现象也要予以注意，避免火灾的发生。

（9）遇到小火不要惊慌失措，先切断电源，断开电闸，对普通的火源用水浇灭即可。对特殊材料燃烧，采取相应的技巧和措施。

（10）遇到火灾逃生时，不要忘记报警，不过度惊慌，不贪恋财物，不乱开门窗，不轻率跳楼，不乘坐电梯，不带火奔跑，不认错方向。

2．正确报火警

火警电话119，这是人人皆知的电话号码。但在拨打"119"火警电话报告火情时应注意以下几点：

（1）不能只是喊叫："消防队，快来吧，我们这里着火啦。来晚了就烧光了。""不好了。有个楼起火了，快来救火。"这样喊叫什么也说不清楚，对方一头雾水，只会耽误时间。

（2）报火警要讲清楚着火地点的街道位置、着火物质、火势大小、着火范围。地点最重要，最好告知清楚周围明显的标志物，以便消防队员快速、准确到达。

（3）报火警时可以把自己的姓名与电话号码告知消防队，以便及时联系。

（4）打过火警报警电话后，还可以到街上等候、引导消防车迅速到达火场。

3．学会使用干粉灭火器

第一步：右手握住压把，左手托起底部，轻轻取下灭火器。
第二步：将灭火器提到着火现场，放在地上，拔掉保险销。
第三步：右手再提起灭火器，左手握住喷管对准燃烧的火焰。
第四步：右手用力下压压把，距火焰约两米，喷射干粉覆盖整个燃烧区直至火熄灭。

4．案例与教训

案例一　姚某无聊，在教室后面撕了个练习本，觉得不够刺激，突然掏出打火机点燃纸张，同时把一个扫帚也引燃了，他不光不灭火还在旁边笑。班长见势不妙，迅速将自己刚买的矿泉水浇向火源灭了火，才没导致更大问题。事后，学校本想开除姚某。因其认错态度好、检查深刻、积极赔偿损失等，受到了仅次于开除的留校察看处分。班长灭火的行为受到表彰。

教训　教室是同学们学习的地方，课桌、书本、多媒体幕布、墙上的书法条幅等，材料是木头、纸张、布，都是易燃物质，这样的地方怎么能玩火呢？在各种场所，我们都要有消防意识，切不可随意点火。

案例二　几个同学在宿舍给廖某过生日，点蜡烛吹灭后切分了蛋糕。廖某觉得不够尽兴，突然掏出早已准备好的三个可以有小火星闪烁的烟花，自己拿一个并给另外两个同学一人一个，同时点燃还在乱摇晃。一不小心，几个火星点燃了一个蚊帐，吓得在场的人惊叫着往宿舍外跑。该宿舍紧挨着宿舍管理员值班室。管理员闻讯赶到，迅速用脸盆接水扑灭了火焰，避免了一场火灾。事后，几个同学受到严厉处分，并赔偿了相关损失。

教训 宿舍里不能点明火，更不能燃放烟花爆竹。再小的蜡烛和烟花都是火种。这次火情幸亏有管理员及时发现并扑灭，否则后果不堪设想。

案例三 走读生师某嫌自己的电动自行车太慢，违规花钱在路边一个修理店多加了三块电池，并关闭了限速器。这下快多了。一天夜里充电时，电动自行车突然起火，烧毁了周围十余辆电动自行车。幸亏有人发现报了火警，消防员与消防车赶来灭了火，才没有把整栋大楼烧掉并使居民葬身火海。师某家长赔偿了相关损失近十万元。师某也受到了法律处罚。

教训 电动自行车使用起来方便快捷，但是不能私自改装。改装后提高了速度，可里面的线路等承载不了负荷，岂能不出问题？如果烧伤或烧死了他人，后果更严重了。

案例四 纪某因敲诈勒索、打架斗殴被学校开除。他不思悔改，反倒怀恨在心，欲报复学校。一天夜里，他携带汽油翻越栏杆进入学校，正要点火烧楼时被巡逻人员抓住，这才避免了一次重大火灾事故。纪某因纵火未遂最被判处有期徒刑三年六个月。

教训 错误有大有小。没有人一辈子不犯错误。有些错误不能犯，有些错误改了就好，千万不能错上加错、破罐破摔。

三、劳动与生产安全

劳动创造一切。劳动是我们每个人的权利，也是义务。劳动也伴有风险，这就需要我们时刻绷紧安全这根弦。无论在校内实训实习、在校外顶岗实习，还是走向社会正式参加工作，我们时时刻刻都要注意安全风险防范，使人员、机器设备、物料、环境等和谐有序运作、达到安全标准，使潜在的事故风险、伤害因素处于有效控制状态。有了安全，我们才能拥有一切。

1. 注意事项

（1）法律法规是公民应当遵守的社会规范。单位的规章制度、操作规程、职工守则等，相当于劳动与生产时的"法律法规"。这种认识要非常清醒，要落实到行动。

劳动开始前一定要接受安全培训、安全教育，学习《中华人民共和国安全生产法》《中华人民共和国劳动法》国家相关标准、地方相关标准、单位规章制度等，牢固树立"安全大于天""安全重于泰山""安全第一，生命宝贵"的思想与意识。

（2）进入岗位严肃认真。穿好工作服，戴好安全帽，按照要求使用劳动保健用品，牢记注意事项，按照规范步骤与程序进行作业。到岗前不饮酒，在岗时禁止吸烟、嬉戏、打闹、喧哗等造成安全隐患、影响正常工作的行为。

（3）开动机器设备前进行安全检查。操作按照规程与师傅提醒事项进行。情况不明要问清技术与管理人员，不可随意开关、触摸。工作结束或因事暂时离开机床、设备，按照规定要关闭电源开关的及时关闭。

（4）准时参加安全分析会、安全专题会、班前预想会、班后总结会。班前预想安全问题有所防范，作业前布置安全注意事项，室外作业指定安全防护员，两人以上必须同去同归。积极参加日常安全教育培训与考核。认识各种安全标识，随时随地引起注意。

（5）保持工作台面干净、工具摆放整齐、环境清洁卫生。工具、量具、刀具、夹具与零件配件不得随意摆放，保证安全通道畅通、工作环境整洁。

（6）要求取得相应操作资格证的工作，必须考取资格证再上岗。技术水平达不到某等级的，不得从事某工作。

（7）随季节、气候、突发恶劣天气等变化，注意做好防晒、防冻、防风、防雨、防滑、防雾、防湿、防潮、防触电、防跑冒滴漏等工作，及时采取安全措施，本着"早发现、早报告、早处置、早消除"的原则，边查边改，预防和消除安全隐患。

（8）夜间工作要有足够的照明，必要时需穿戴有反光标志的防护服。

（9）特别注意电气设施设备、电气装置、电源线路的接地、接零和绝缘；带电体的安全距离；配电箱（盘）的接线端子等。禁止私拉私接电线、插座。

（10）谨防发生中毒、车祸、触电、塌陷、爆炸、火灾、坠落、机械外伤等危及人身安全的事故发生。

2．案例与教训

案例一 青年女工方某有一头漂亮的长发，常常引来许多人羡慕的目光。师傅多次提醒她把头发剪短，不然工作帽包不住那么多头发，会带来安全问题。方某嘴上答应，心里没有引起足够的重视。一日，她在车床上加工一个零件，一弯腰的时候，一缕头发被旋转的刀具卷住，左耳被削去，左脸受了重伤。幸好师傅听到她的惨叫快速拉了电闸，才保住了方某一条命。

教训 工人的着装要求是为了生命安全而提出的。安全第一，漂亮靠后。生命宝贵，小心谨慎。

案例二 白某有几分洁癖，总怕什么东西弄脏自己的手和衣服，即使在车间干活也十分注意。一次，在取下一个工件时，他戴上线手套作业去取。一不留神，一条较长的铁屑挂住了手套，工件滑落砸到他的右脚趾，造成一个脚趾粉碎性骨折。

教训 车工、铣工等在工作时不允许戴手套，特别是线手套，就是为了防止发生此类事故。工作中难免碰到油污等弄脏手和衣服。下班时将手和衣服洗干净即可，不能为了干净漂亮违规作业。

案例三 连某初次到车间实习，对螺旋状的铁屑充满好奇，工间休息闲来无事，拿起一个较长的铁屑玩耍。一不小心，铁屑划破了他的右脸，顿时流出鲜血。后来，他的脸上留下一道疤痕。

教训 铁屑是非常锋利的，形状不像刀，但有的比刀还锋利，不能随便玩耍。闲来无事，可以读一读操作规程，避免此类危险事故发生。

案例四 冯某与巴某是好同学、好舍友、好同乡，平时喜欢互相开玩笑、推推打打。一日，在车间实习，二人不由得又推打了一下。巴某被冯某推倒，头部碰在地上的厚钢板上，顿时鼓起一个大包，到医院检查为脑震荡。

教训 进入车间要多长一个心眼，还显得不够用。因为，头上可能有天车，身旁有各种铁家伙，脚下可能有油污，走路与操作都要处处小心。推推打打、嬉闹追逐都是不允许的。

案例五　郜某操作数控机床，没有关好门就按下启动键，刀具飞出击中其左胸部心脏位置，抢救无效，不幸身亡。原来，他没有夹紧刀具。

教训　机器操作得当能创造财富，操作不当会酿成事故。一个关门的动作不到位就出了如此大的事故。如果把门关好了，即使刀具没有夹紧飞来也会被门挡住，不至于直击人身造成伤害。

作业：

1．人身与财产安全、交通与消防安全的注意事项有哪些？
2．抽烟、喝酒的危害有哪些？
3．劳动与生产安全有哪些注意事项？

第八模块

8 榜样篇

一、有所追求，心存感激

王博，生于1981年，山西大同人，中共党员，现为太原铁路局湖东车辆段技术员。作为2008年北京奥运会一名光荣的火炬手，2008年5月17日在浙江温州完成了圣火传递一段的光荣使命。

1. 准备——心向往之，日积月累

临近毕业的时候，大家都忙着写同学录。给我印象最深的是王湄老师的留言：机会永远垂青于那些有准备的人。我从小就喜欢播音，尤其对那"小匣子"里发出来的声音有一种莫名的向往，梦想着有朝一日我的声音也能从收音机里发出来，让更多的人听到。

一次偶然的机会让我和电台的人有所接触，一来二去熟悉之后也有机会让我录个广告什么的。当时的我普通话并不好，因为我所处的山西是个典型的方言区。一次，我在录音间听到有人说：录得叫什么呀，普通话这么难听！当时我的心里酸酸的像是在流泪，自然对说这话的人很记恨。但是，总不能因为别人的看法就打消了我的追求啊。为此，我抓住一切可能的机会练习。对着中央电视台屏幕下方的滚动字幕新闻念，模仿着中央电视台播音员的口气、神态练，开始不敢大声怕别人笑话，渐渐自己心里有了底儿，就大声地念。

前几年播音的教材在大同还是很少的，为此，我专门去北京广播学院（现在的中国传媒大学）买教材。那时候还是学生，为了节省开支也为了方便，就住在了离北京广播学院不远的一处居民楼的地下室里。正值暑假，地下室里密不透风，还时不时地散发出一股股发霉的味道。尽管这样，我心里还是美滋滋的，因为买到了我需要的教材。又过了几年，我被聘到大同人民广播电台担任节目主持人，一边打工，一边学习。理论得到了实践，这让我的播音主持水平提高很快。

2008年在中央人民广播电台面向全国听众选拔奥运火炬手的活动中，我一路过关斩将，最终从全国25000名选手中脱颖而出。在火炬手出征仪式上，中央人民广播电台让我代表火炬手发言。当时中央人民广播电台面向全国直播，我的声音第一次传得那么远，也是

第一次让全国的听众听到。其实,火炬手的选拔就是平时的一个积累,不光是播音,什么知识都应该积累。王湄老师送给我的那句话一直影响着我,我也是照着去做的。这也是今天我送给大家的第一个词:准备。

2. 坚持——锲而不舍,金石可镂

有了足够的准备却与自己的愿望遥不可及,怎么办?是放弃还是坚持?大多数人会选择坚持。但是,这坚持的过程有的时候很漫长,甚至变成了坚守。其实,不论是坚持还是坚守总归会有结果。不经历风雨怎能见彩虹。

前面提到我偶尔能在电台里的录音棚录录广告,但是前提是得自己拉到广告。大同这个地方不大,大型企业不多,拉广告的业务员遍及报纸、广播、电视和其他广告公司。我想从人家那里分一杯羹,难啊!与其说是拉广告,不如说是跑广告,晚一步可能说好的广告业务就被别人抢了去。那时候刚毕业,没有独立的经济来源,65元的公交月票舍不得买,整天骑辆自行车、戴着凉帽满大街跑。有的时候跟客户约好两点见面,大夏天顶着太阳也得去。主要问题在于往往不是跑一趟就能解决问题,有的时候得跑二三十趟。弄得我现在到了夏天待在屋子里头也能中暑,可能就是那时候落下的毛病。

门难进、脸难看更是常有的事儿。图啥?还不是为了多录一回广告,让自己有一个锻炼的机会。就这样过了大约两年的时间,我快变成了录广告"专业户"了。

不过,事情总得从两面看。在拉广告的过程中,我结识了不少朋友。我想这也是一笔财富。这就是我要送给大家的第二个词:坚持。

3. 感恩——心存感激,知恩图报

吃水不忘挖井人!一个人不论在什么时候,不管是富有还是贫穷,不管是非凡还是平凡,都要心存一份感激。感谢曾经帮助过、鼓励过、关心过自己的人,这至少能证明你记着每一个对自己好的人。不管受人多大恩惠,一定要知恩图报。

今天,我们要感谢的人很多,我们的父母、老师、同学,还有我们的师傅、爱人,甚至街上曾经帮助过我们的陌生人。

当选火炬手的消息一公布,我第一件想做的事情就是感恩!感谢我的父母含辛茹苦地把我拉扯长大,感谢中央电台能给我这么一个极好的机会,感谢领导和老师们的培养等,可以说要感谢的人太多太多。现在看来,电视上那些获奖的演员们在发表获奖感言时感谢这个、感谢那个,就一点都不觉得好笑,的确是一个人内心深处的独白。每逢新年的时候,我总能罗列好几张信纸的人名,这都是我要借助贺卡感谢的人,把内心最真挚的祝福送给他们。今年,我又借助西方的感恩节发手机短信感谢了那些帮助过自己的人。发出去不少的祝福,也收到了不少的祝福,看到这些,我心里很美、很甜!收到祝福的人一定也都会像我一样,心里很美、很甜!其实,现在大家就不妨向你的老师道一声:"老师辛苦了!"向你的同学道一声:"谢谢你!"此时的你心里也一定很美、很甜!

二、钻研技术,创新改革

孙家星,1952年出生,上海市浦江镇塘口村人,高级工程师,2008年获得全国五一劳动奖章。他是专用汽车行业的"名家",只因对故土的眷恋,放弃了许多人梦寐以求的机遇,在沪光客车厂这个乡镇老企业里一干就是四十年。现在,孙家星成了塘口村所有年轻人的骄傲和榜样。"要做一个像孙总工程师那样的人!"人们经常这样说。

1. 难得的技术工人

对年近花甲的孙家星来说,他是随着沪光客车厂一同成长起来的。沪光客车厂始建于1968年,该厂的前身是一个五金厂。孙家星是当时厂里唯一的技术工人,此前他没有上过大学,知识全是靠自学机械方面的书籍得来。

当年的沪光客车厂是生产过知名的"上海"牌面包车的企业。当时为了设计车模和购买零件,孙家星去上海重型机器厂学习修理,又到上海交通局下属的上海客货车修理厂上夜班,学习车辆的改装。20世纪80年代,沪光客车厂开始转向生产各类具有特殊用途的车辆,为了配合企业生产的转型,孙家星利用业余时间,分别读完了电大和上海交大的机械结构专业,成为车辆改装方面的专家。

2. 为中国人争气的总工程师

作为一个乡镇老企业的总工程师,孙家星承受的压力是巨大的。为了让企业不断进步,他完成了多项科研。三年里,他每年承担科研项目10多个,先后有49个新产品列入国家汽车新产品公告。懂技术的人知道,每种车型都有上千张图样、十几种技术文件、几十份试验检测报告,这些都需要孙家星亲自动手来完成。

2005年,上海印钞厂向沪光客车厂提出,希望定制一台专用运钞车。这种冀开式厢式运钞车之前都是从奥地利进口的,由于国外的企业停产,上海印钞厂先后到全国各地十几个汽车改装厂订货,都因无法研制而遭到拒绝。孙家星意识到这是一个良机。"做别人不能做的,这不正是企业的竞争力吗?"他整整一个星期茶饭不思,每天晚上都在琢磨如何突破运钞车车门收缩时物理上的一个"死点"。靠着几十年来积累的改装车辆的实践和专业知识,他想到了用链能加滑块结构取代一般的连杆加滑块结构,并利用液压气弹簧,使运钞车车门能够翻转270°,四扇门都能轻巧地叠加到车顶。这在当时的中国是个创举。

经过试验,这种运载量7吨、可装6亿元人民币的运钞车成功生产了7辆,可以进行批量生产,价格也比国外进口的更便宜。孙家星为我们中国人争了一口气。

3. 对企业一往情深

国家有关部门制定国家专用车标准时,特意请孙家星作为专家组成员参加。许多人不理解:这么一个名声响亮的"国宝"级人物,竟然在浦江塘口村这个不起眼的小村里工作和生活了一辈子。为什么呢？他说："几十年了，有感情！"为此，他拒绝了许多大企业和研究所的高薪聘请。

三、积极进取，学以致用

鲁进超，生于1981年4月11日，1997年9月初中毕业考入太原铁路机械学校计算机及应用专业。在校四年学习期间，勤奋刻苦，各门功课成绩优秀，尤其是实践操作技能优秀。2001年6月毕业，留校后在太原铁路机械学校实验中心计算机房工作。该同志思想进步，踏实肯干，积极进取，不怕吃苦，很快就胜任了机房日常管理等工作，十年来为学校做出了贡献。

1. 钻研业务，进取心强，不断提高，向上攀登

鲁进超同志具有很强的钻研精神，对自己有很高的要求，在业务与学识方面从不满足。在积极做好工作、服务学生的同时，挤出时间提高自己的技能。从2001年9月至2003年7月，鲁进超就读于山西省煤炭干部管理学院计算机通信专业，取得专科文凭。2003年9月至2005年12月就读于西南交通大学计算机科学与技术专业，取得本科文凭及学士学位。那时，他为了学习常常废寝忘食，从来没有完整的双休日。他没有叫苦叫累，总是精神饱满地学习新课程。2005年鲁进超同志以优异的成绩通过了"教育学""心理学"考试并以优秀的讲坛风范通过了教师能力测试，最终取得了山西省中等职业学校教师资格证。他说："学校的发展需要我们年轻人不断提高，能够继续学习很幸福。"这种以苦为乐的精神十分可贵。

2. 学以致用，肯动脑筋，创新工作，卓有成效

鲁进超同志不是为了面子好看而学习，他总能把学到的专业知识结合到工作和教学环节上，解决实际问题，为学校教学改革创新起到了很大的作用，创造了新成果。例如，以往计算机的许多课程仍是通过传统笔试来进行，不仅不同程度地脱离了实际操作要求，浪费了人力物力，而且不能充分体现学生的实际水平，有纸上谈兵的弊端。为弥补不足、节省能源，鲁进超开动脑筋，主动加班加点，创造性地编写了计算机操作考试系统。

在多媒体教学中，以往是教师在讲台上讲，学生在底下听和看，存在教师不能随时掌握学生的接受情况的问题，学生存在不同程度的厌学情绪，教师难以随时监控学生的学习情况，影响了教学效果。针对这一问题，鲁进超同志在机房每个区建立一台教师机，每台学生机都在教师的控制下进行学习，实现了教师与学生双向互动，提高了学生的学习兴趣，使教师能随时掌握教学动态，大大提高了教学实效。

为了能使不同学区的学生在同一时间学习同一门课程，鲁进超同志运用远程教育平台，用QQ远程协助功能远程控制不同地方的教师机，以教师机再控制不同的学生机来完成同一个教学任务。这样就解决了人手紧张、课程繁重的难题，同时没有影响学生的学习效果，反而使学生能将平常高涨的游戏情绪融入学习当中，使学生对网络教育有了新的认识，也受到任课教师的好评，节约了学校的教学成本。

3. 一专多能，教书育人，建设学校，奉献青春

除了出色地完成机房本职工作，鲁进超同志总是琢磨怎样为学校发展做出更大贡献。

工作头几年，他与同志们组织培训计算机专业技能NIT考试6000余人。2004年国家技能鉴定机构招收计算机专业考评员，鲁进超同志积极报考，取得了计算机高级维修工和高级操作员的考评员资格。在国家新职业电子商务专业鉴定中，他跨专业地进入了这个行业。6年来，他共培训电子商务师1000余人、电子商务员600余人。

从教以来，鲁进超讲授过"计算机操作基础""文字录入""广告设计""计算机组装与维护""网络基础""Flash动画设计"等课程，共计1400余课时。在教学中，他以丰富的实践经验，把教学重点放在两个方面：一是教授社会最为实用的知识，二是促进学生独立思考能力和解决问题的能力。同学们都说："鲁老师的课激发了我们的兴趣，给我们捞的是干货，增长了我们的真才实学。这将有利于我们求职应聘、为社会做出实际贡献。"

2005年，在学校家属楼网络工程建设中，鲁进超不怕苦、不怕累，充分发挥专业特长，带领学生爬高空、钻地道，给学生做出了榜样，从光纤架设到网线到户，事事做得科学合理、严谨细致，特别是独立完成技术难度颇高的光纤焊接工作，为学校节约了资金，顺利通过高标准大工程质量验收，为学校网络管理打下了较好的硬件基础。

鲁进超多次辅导学生参加山西省中等职业技能大赛，选手们在他的精心辅导下获得了一等奖等奖项，取得了优异成绩，为学校增光添彩，也为学生就业增加了砝码。他的出色工作也得到山西省中等职业技能大赛委员会的认可与奖励，获得优秀辅导教师奖。

鲁进超老师带领本专业爱好计算机的学生进行各项实验活动，使得和他在一起的学生有了比社会专业人士更多的技能。如今，他的学生里有专业的装机师，还有几位进入了大品牌公司，其中最有能力的五个学生现在都各自开了网吧专业维护公司，并培训网吧维护人员，可谓"桃李争艳多芬芳，奉献社会为兴邦"。

由于鲁进超良好的表现，工作十年来，他被学校评为先进职工。

四、持之以恒，岗位成才

李春国，1969年出生，河北省承德市隆化县人。全国五一劳动奖章获得者、北京环卫集团四清分公司东城清运中心车队班长。

参加工作20多年来，紫塞儿女身上勤劳、朴实、善良的性格让李春国把自己的整个青春，把他生命中最美好的时光都奉献给了首都的环卫事业。而全国五一劳动奖章无疑是对他20多年闪光青春的最大肯定。

1. 要干好工作得精通业务

李春国的家在隆化县郭家屯镇的大山深处。1989年，20岁的他从部队复员回家。李春

国说:"在家待着的那段时间里,自己感觉特别苦闷。"作为家中的长子,看到一贫如洗的家境,看到白发过早染上双鬓的父母,看到正在上学的两个弟弟和一个妹妹,他只有一个想法:用双肩扛起责任,挑起养家的重担。一个机会来了,这一年北京环卫集团四清分公司来山里招工,在部队学会开车的李春国应聘成功,进入该公司当上一名农民工。走的那一天,父老乡亲们挥手向他告别,父母流着泪一再叮嘱,依依难舍。他记住了那难忘的一幕,心里暗暗发誓,一定要干出一番事业报答父母的养育之恩,改变家乡贫困的面貌。

令李春国没有想到的是,第一次上岗就碰到"钉子"。那天,他驾驶清运车来到朝阳区的一个小胡同里。胡同长2000米,车辆两边距胡同围墙不到5厘米,自认为驾驶技术良好的他一开始根本开不过去。怎么办?还得自己解决。他费尽九牛二虎之力,累了一身汗,用了将近1小时才把车开出胡同。

原来空有好好干的决心是不够的,把工作做好还得精通业务。他利用休息时间苦练驾驶技术,在最短的时间里掌握了必备的技能,为日后的成长打下了坚实的基础。

2. 农民工也要攻读大专与本科

有人觉得清运工的活儿不难干,费把子力气而已。其实不然,新型清运车辆的投入使用,对李春国来说是挑战。为尽快掌握新车辆的操作技能,李春国到处查找相关资料,甚至直接到制造厂看图样。他把大量的业余时间用在工作上,终于在最短的时间里"制服"了新车,并且把自己的心得体会编写成操作指南,带着大家边干边学。他还借来摄像机与"青年文明号"的同志共同摄制了电视录像片,采用电教手段结合人员示范对职工进行培训。这套教学片被评选为"北京市职工普教材料",还获了奖。

李春国先是取得了大专学历,又攻读本科学历。他利用业余时间搞起了"小发明"。垃圾车在清运过程中后盖易变形,时常发生遗撒现象。他琢磨着如何解决这一问题。一天,李春国联想到家乡的"门栓",于是为后盖设计了一个灵活的横杆,既巧妙地解决了实际问题,又降低了改进成本。

据不完全统计,20年来,李春国个人安全行驶达50多万公里,节油达10000多升。

3. 荣誉来自不断奉献

"春国是我们环卫集团获得荣誉最多的人,他就是我们企业的形象、我们的品牌。"这是公司领导的一致评价。

从1989年参加工作到现在,李春国先后获得"北京市百名优秀进京创业青年""北京市质量服务明星""北京市来京建设者文明之星""首都劳动奖章""全国优秀农民工""全国五一劳动奖章"等荣誉。从小汤山"非典"医院建设、黄金周垃圾清运到奥运赛场环卫保障,李春国都留下了辛勤工作的身影。公司成立一个应急小分队,他主动请缨当上了队长,每次有急活,他总是冲在第一线。

"现在我们公司有180多名农民工,其中承德籍的就有150多名。"公司领导说,"我们信任春国,所以我们信任承德人,可以毫不夸张地说,春国已经成为承德在北京的一张名片了。"工人进厂后的第一件事就是到李春国的班组实习。为了让这些承德老乡迅速独当一面,李春国参与起草了《东城清运公司农民工管理办法》。"他的技术好,人实在,我们都愿意跟他学。"这是工人们对他的评价。"公司的农民工能迅速成长起来,他就是引路人。"这更是领导的心里话。

20年来,李春国用他的劳动谱写了一曲新时代农民工的新歌。我们应该学习他的精神,为祖国建设做出应有的贡献。

五、当代愚公,环保英雄

李双良(1923—2018),男,汉族,山西省忻州市人,中共党员,1947年参加工作,太原钢铁(集团)有限责任公司加工厂原职工。

1. 一点不愚的"当代愚公"

许多人了解李双良是因为他治渣。其实,早在20世纪50年代,他就是闻名全国冶金行业的"工业炉渣爆破能手"。熟悉李双良的人都像称呼其他工人一样,亲切地称他为"李师傅"。对太原人来说,正是这个普通的"李师傅"实实在在地消除了一个粉尘污染源——搬掉了太原钢铁公司半个世纪堆积起来的、占地约两平方公里的一座渣山。当年这座渣山的有害粉尘污染甚至曾影响了千里之外的陕西某仪表厂。1983年,已到退休年龄的李双良看着厂里的渣山越堆越高,不仅污染严重,而且已经危害到钢厂的生存,主动申请承担了治理渣山的重任。许多人在那个年龄是不去考虑这些事的。

不要国家一分钱投资,带领渣场职工发扬愚公移山的精神,把沉睡了半个多世纪的高23米、占地2.3平方公里、总量达1000万立方米的渣山搬掉,累计回收废钢铁130.9万吨,还自创设备,生产各种废渣延伸产品,创造经济价值3.3亿元。这是何等的伟业!

李双良被称为"愚公"是个比喻。他治渣的思路一点都不愚,巧得很。李双良的经验是"以渣养渣",先组织人力把渣山中的废钢铁拣出来,用回收的废钢卖出的钱来维持治渣的费用。他走出了一条"以渣养渣、以渣治渣、自我积累、自我发展、综合治理、变废为宝"的治渣新路子,这种贡献不单是产生可供利用的废钢铁,而是涉及治理污染、改善环境、循环经济、科学发展的综合性贡献,怎不值得赞扬。

2. 普通工人成了"环保英雄"

搬掉渣山,李双良带领职工在原地建成了绿树成荫、景色宜人的一个大花园。还因地制宜将渣山改造成防尘护坡,在上面种树植草,既防治了扬尘,又美化了环境。1996年,李双良档案馆建成。至2009年,接待国内外参观的各界人士35万余人次,发挥了档案保管基地、爱国主义教育基地和环保教育基地等多种作用。他被授予"全国优秀共产党员""全国劳动模范"和"全国关心下一代工作先进个人"等荣誉称号,获得联合国颁发的全球500佳金质奖章,获此殊荣的中国工人仅李双良一人,实在令人佩服。

问问太原人，没有不知道李双良的。因为他是全国劳模、全国人大代表，是人们衷心敬佩的"环保英雄"。中国环境报山西记者站站长张可兴因为二十年来经常报道李双良，成了李双良的朋友。张可兴对记者说："李双良的意义在于他改变了中国治理冶金渣子无路可走的局面，走出了工业生态经济之路。"一个工人也可以做出惊天动地的大事。

3. 艰苦创业，一心为公

李双良从工业垃圾中发掘出极大的经济效益，成了国家领导接见过的名人，很多人认为李双良个人赚了大钱。张可兴为此替李双良鸣不平："李师傅到现在只拿每月八百元的退休工资，他从没有想过把治渣得来的钱自己花。"李双良在一边插话了："事是大家一起做的，我要那么多钱干什么？我现在生活好得很，厂里奖励了我房子，还给我配了车。"说出这样的话，需要多高的精神境界！

搬走渣山，腾出了土地，创造了那么大的价值，李双良把钱干了什么？用钱盖了20多栋职工宿舍，建了一所中学和一所小学，办了福利工厂，盖了福利大厦，还建了假山、凉亭、画廊、喷泉、花圃等，使厂区环境优美。他真是无私呀。

因为"艰苦创业、一心为公"的精神，李双良已经成为太原钢铁公司的象征：他工作过的渣场早已树起了他的半身铜像；太原钢铁公司又将渣场外面的一条路命名为"双良路"。在荣誉面前，李双良没有骄傲自满。

太原人杰地灵，无数人杰曾在此青史留名。放眼当代，退休工人李双良无疑是其中重量级的人物，他是我们的楷模。

六、学习先进，有所作为

人们常说："三百六十行，行行出状元。"可想要做"状元"并不容易，绝非一日之功。"状元"是怎样"炼"成的？通过学习以上几位行业先进人物的工作事迹，我们也许能有所感悟。

1. 严格要求，勤奋进取

勤奋进取是做任何事情的重要基础，工作不勤奋，任何人终将一无所获。如果你智力平庸、能力一般，勤奋可以弥补不足；如果你才华出众，勤奋会让你绽放无限光彩；如果你的目标明确、方法得当，勤奋会让你硕果累累。

著名数学家华罗庚有句名言："聪明出于勤奋，天才在于积累。"为了提高自己的专业技能，王博从大同跑到北京买书；孙家星学习机械修理的同时，利用业余时间读完了电大和上海交大的机械结构专业的课程；李春国查找资料、勤学苦练，在最短的时间内掌握了新车的操作。他们的成功正是建立在勤奋进取的基础上才得以实现的。而我们有多少人缺乏的正是这种勤奋进取的精神。"勤能补拙是良训，一分辛苦一分才。"

2. 勇于突破，务实创新

创新是一个民族的灵魂，是人类发展的动力。对于创新，我们有多方面的理解。有的东西之所以叫它创新，是因为它改善了我们的工作质量，改善了我们的生活质量；有的是因为它提高了我们的工作效率；有的是因为它巩固了我们的竞争地位；有的是对我们的经济发展、社会进步、技术改进产生了根本影响。这都是可贵的创新。

王博是一名技术员，但发挥出了播音特长；鲁进超通过建立教师机，改变了以往的教学方法，提高了学生的学习兴趣和教学效果，通过运用远程教育平台实现了所有教师完成统一教学任务的要求；孙家星凭着几十年的改车实践和专业知识，通过不断的实验，最终成功研制出了新型专用运钞车；李春国发现集装箱后盖易变形，时常发生垃圾遗撒现象，于是自己设计了一个横杆，巧妙地解决了这一问题，又降低了成本；李双良自创设备走出了一条"以渣养渣、以渣治渣、变废为宝"的新路子，搬走了沉睡半个世纪的渣山。正是他们的这种学以致用、勇于突破、敢于创新的精神为教育教学改革、提高工作效率、降低成本、促进经济增长、保护环境治理及科学发展做出了较大的贡献，而这种精神更是值得我们每个人学习和发扬的。

3. 不计得失，乐于奉献

奉献是社会责任感的集中表现，是人的一种高尚的精神和情操。李商隐诗云"春蚕到死丝方尽，蜡炬成灰泪始干"；鲁迅先生说过"横眉冷对千夫指，俯首甘为孺子牛"；周总理鞠躬尽瘁，死而后已；孔繁森将自己的一生奉献于阿里。他们以无私的奉献实现了自己的人生价值，为社会进步做出巨大的贡献，为世人称颂。

从鲁进超主动承担家属楼网络工程建设，为国家、为社会培养大量的专业技术性人才，到孙家星只因对故土的眷恋，放弃了许多人梦寐以求的待遇，把全部的创造才能奉献给了这块养育他的土地；再从李春国把自己的整个青春、把生命中最美好的时光都奉献给了首都的环卫事业，再到李双良主动请战，不要国家一分投资，搬走了沉睡半个世纪的渣山，他们身上无不反映出人类最高尚的精神和情操，那就是无私奉献。人生的真正价值在于奉献而不是索取。奉献是社会存在和发展的基本保障，是用爱心和责任铸成的一道彩虹，清新飘逸，带给人们温馨和快乐。

4. 心存感激，懂得感恩

"感恩"之心是我们每个人生活中不可或缺的阳光雨露。人的一生中，小而言之，有父母的养育之恩，老师的教育之恩，领导、同事、朋友的关怀、帮助之恩等；大而言之，作为单个的社会成员，我们每一个人都受惠于社会这个大环境给我们提供了一定的生存条件和发展机会。学会感恩，是为了擦亮蒙尘的心灵而不致麻木；学会感恩，是为了将无以为报的点滴付出永铭于心。无论你是何等的尊贵，或是怎样地看待卑微，无论你生活在何地何处，或是你有着怎样特别的生活经历，只要你胸中常常怀着一颗感恩的心，随之而来的就是不断涌动着诸如温暖、自信、坚定、善良等这些美好的处世品格。鲁进超刻苦钻研教育教学方法提高教学质量、王博不断钻研播音技术、孙家星几十年的坚守提高了企业的竞争力、李春国为了首都的环卫事业二十年来辛勤的工作等，他们用知识、用坚守、用勤奋来回报老师、回报家乡、回报社会。感恩是一条人生基本的准则，是一种人生质量的体现,是一切生命美好的基础。它是一束金色的阳光,能融化冰雪。让我们学会感恩,让这束阳光照耀在我们大家的心底!

最后,我还想再说一个词——热爱,是对于自己所做工作的热爱。所谓"干一行,爱一行",拥有热情,才会为之不断努力。热情是催化剂,可以让我们忘记辛劳,忘记疲惫,忘记得失。以上所举事迹中的主人公,他们的出身不同、职业不同,有普通的环卫工人,有闻名全国的专业能手,但他们都对自己的本职工作充满了热情。正是这份对本职工作的热爱,使他们对自己严格要求,积极进取,勇于创新,不计得失,乐于奉献,创造出了一个又一个的骄人成绩。在我们的日常工作中,并非人人都会做出什么丰功伟绩来,但怀着一份愉悦和骄傲的心情投身到工作中,我们所收获到的或许会远远超过自己的所求……

作业:通过学习以上先进人物的事迹,谈谈应该学习他们怎样的精神并落实到行动上。

(1) _____
(2) _____
(3) _____
(4) _____
(5) _____
(6) _____
(7) _____
(8) _____
(9) _____
(10) _____

第九模块

9 就业篇

一、求职应聘注意事项

（1）经常浏览校园网上与就业有关的信息，了解什么时间、什么单位来招工，不要错过应聘的机会。

（2）多听就业指导讲座，了解就业形势与政策，掌握求职应聘知识技巧。

（3）如有不合格的课程或没有取得的技能鉴定证，要赶紧补考合格、取得中级以上技能鉴定证。

（4）尽快完成从学生到职工的心理转变，不要总把自己当成孩子，而要把自己当成马上要上班的大人。

（5）准备好用于应聘的个人简历、免冠照片、成绩单、各种证书复印件等。

（6）明确自己的求职意向和单位，在网上查找有关信息，做到心中有底。

（7）树立"先就业后择业"的观念，不因过于挑剔而耽误了就业。犹豫不决、屡屡毁约不可取。

（8）对来校招聘的单位积极回应，也可以到正规的人才市场去求职、应聘。对于招工者违规收取保证金、押金一类的款项，应当拒绝交钱，以免上当。

（9）在招聘者要求自我介绍时，要沉着冷静、落落大方地介绍自己。在众人面前说话慌慌张张、结结巴巴、直冒冷汗的同学，要提前在班里练习，以免临场失常而影响正常发挥。

（10）要态度积极、准备充分、充满自信，不可消极懈怠、拖拖拉拉、毫无信心。

二、在校应聘流程五步

（1）在通知栏、宣传栏、校园网上，或得到院、系、部、班主任的通知，获得招聘单位招工信息。

（2）班主任或辅导员组织报名，详细说明招聘单位有关要求，根据自己的情况、意愿选择报名。

（3）主管就业工作的处、部、中心等部门汇总名单，交给招聘单位，协助招聘单位进行招聘工作，报名同学积极前往规定地点应聘。

（4）应聘者参加招聘面试、笔试。

(5)被录用者与学校、用人单位签订有关协议，办理离校手续，准备顶岗实习、上班。通常学校会为学生提供两次顶岗实习机会，初次顶岗实习必须满三个月以上，并经班主任（辅导员）、系（部）同意离职的，方可进行二次安排。

三、求职应聘成功的关键因素

(1)千招会不如一招鲜。俗话说："一招鲜，吃遍天。"用人单位最关注你会干什么。这里的什么，不是什么都会，而是什么最精通。

(2)专业无冷热，学校无高低。社会上对什么专业的人才都有需求，从这个意义上讲，专业没有冷热之分，关键是自己要有独立见解和积极想法。不要因为自己不是名校毕业而自卑、是名校毕业就骄傲。

(3)让网络成为求职应聘的工具。网络游戏很害人。许多学生在网上玩游戏或做别的无聊事形成网瘾。面临毕业、找工作，千万不要沉迷网络耽误前程。要让网络助力自己成长进步、求职应聘，才是应该做的事。

(4)简历要突出核心竞争力。网上现成的简历不一定适合你。自己的求职应聘简历需要自己用心设计。内容要简洁、照片要帅气，要突出所学、所得、所奖，有过哪些实习经历等。

(5)要有一般的认知，还要有独立的人格和思想。学校教育从来都不能解决所有的问题。自己要补短板，要开拓进取，对自己的现在负责，对自己的未来有想法，这对人的进步成长非常重要。那些真正有所作为的人，都是有独立人格、独立判断、独立思想的人。人云亦云、目光短浅、视野狭窄、坐井观天者，只能混日子、得过且过，乃至日有所退，被时代与单位淘汰。

(6)永不言败。求职应聘被拒绝是常有的事。这家不要就找另一家。锲而不舍，金石可镂。不能碰一两次钉子就气馁。

(7)取长补短，以勤补拙。每个人都有短处与不足，这是客观存在。求职应聘在即，一时半刻难以补齐短处，那就得学会发挥出长处来弥补短处。

(8)认同公司文化，与公司具有同样的价值观。具有独立的思想强调的是有自己的判断与想法，但并不意味着拒绝他人好的方面与软实力。求职应聘，需要认同公司的文化，与公司具有同样的价值观。

(9)先吃苦后享甜。不管时代怎样变化，吃苦精神永远不能丢弃。

(10)勇于创业。如果你有较好的创业潜质与条件，甚至在校期间已经有所尝试，且小有成绩，又有政策支持等，就不必像大多数人那样求职应聘了，鼓起勇气，拿出魄力，去勇敢创业。

四、面试礼仪

(1)只能提前到场，千万不能迟到。

（2）衣着得体，发型普通，整洁大方。不可奇装异服、发型怪异、着装奇特。

（3）主动问好，讲究礼貌。

（4）面试中神情自然，腰背挺拔。不可显出随便、畏怯。

（5）说话声音适中，不可太高或太低。

（6）不要做小动作。不能抖腿、挠头、摸脸、抠鼻子、捏衣角、东张西望等。

（7）讲普通话，避免方言土语。

（8）遇到不会的问题不要慌张、胡编乱造。要坦诚相告，或者说"正在学习""我会努力学习""请原谅，我还没有考虑过""对不起，这个问题我不知道"等。

（9）不要过分打听福利待遇。

（10）面试结束要表示感谢。

五、优秀员工的基本素质

（1）吃苦耐劳，责任心强。

（2）尽忠竭力，执行力强。

（3）工作第一，其他靠后。

（4）团队意识，有效沟通。

（5）不断学习，迎接挑战。

（6）抱怨无用，实干有为。

（7）创新发明，提高效率。

（8）去除恶习，安全生产。

（9）愉快工作，服务精神。

（10）目标明确，不断进步。

六、就业初期常见问题及对策

（1）眼高手低。只想做少费劲、挣钱多的活儿，挑肥拣瘦最终一事无成。要面对现实，从零做起。

（2）不愿吃苦，太娇气。

（3）对自己认识不清。不看自己的学历、经验、能力、水平，只想挣大钱、好享受，言行难免有误。

（4）不了解社会，不体谅家长。衣来伸手、饭来张口的日子过得太久、太顺了，不知道社会怎么回事。需要上学期间打打工，体验一下挣钱难，了解了解真实的社会。

（5）心理不成熟，做事不守规矩。好不容易找到的工作，干不了几天就打退堂鼓。还是要遵守起码的规矩。

（6）客观理由太多，克服困难太少。食堂的饭不好，洗澡不方便，夏天没空调，双休日没有热闹的地方，离家太远，生活不习惯，实在是想家等，干不好或不想干的理由一大堆，就是不能坚持一年半载。

（7）把上班一味看成吃苦受累、无聊无趣，不能明白工作和生命的意义。没有朝气，没有上进心，把自己看得太低。还是要有点年轻人的样子，不甘落后，积极进取。吃苦受累是人生的必修课。人生的价值正在你的工作中体现。

（8）处理不好人际关系。不要事事斤斤计较。要胸怀开阔、眼光长远。

（9）浪费时间和金钱吃喝玩乐。自己挣了钱，不再受约束。通宵玩游戏，饭店里大吃大喝，穿衣服讲究名牌，胡乱花钱游逛等，浪费了宝贵的时间和金钱。

（10）不再学习，自甘落后。还是要记住：这世界唯一不变的是永远在变。你不学习，必遭淘汰。

作业：

1．求职应聘有哪些注意事项？
2．求职应聘成功的关键因素有哪些？除本书所讲，你认为还有什么？
3．如果你去面试，最大的问题是什么？怎样解决问题？
4．优秀员工有哪些素质？你有何长处和短处？如何扬长避短？
5．就业初期应注意哪些问题？怎样处理这些问题？

第十模块

10 审美篇

一、弹起我心爱的琵琶

琵琶是我国传统的民族乐器,最早被称为琵琶的乐器大约出现在我国秦朝时期,已有两千多年的历史。因此,琵琶被称为"民乐之王、弹拨乐首席"。作为民族乐器的代表,琵琶丰富的演奏指法和复杂的演奏技巧实在不容小觑。由于它的音色清澈、明亮,音域宽广,因而流传甚广,深受人民群众的喜爱。

我与琵琶结缘是上小学一年级的事。为了开阔视野,妈妈让我学习弹琵琶。我一听,心里很高兴,因为上幼儿园时就被表演台上艺术家们的精湛演奏所深深吸引。可是,在我第一次学习时,老师教我们如何抱琵琶,当时我感觉没什么意思。第二次学习时,老师开始教我们轮指、弹跳,给我的感觉是太枯燥,真想放弃。以前觉得弹琴很简单,哪知学起来却不容易,光弹一个音就要花上好几个小时,而且弹得不好常被老师批评,到家又要被家长数落。但是,一想起老师说的"艺,始于学,精于勤,荒于嬉",我又不服输了,振奋起精神,勤学苦练。此后的日子里,不论是夏日炎炎,还是数九寒天,我每天都苦练琵琶10小时左右。有时候弹得手指都开缝裂口,依然不顾,忍痛弹下去,因为我已经陶醉于音乐之中了。

当然,弹琵琶也让我尝到了甜蜜幸福的滋味。进入这个艺术领域之后,让我见识到了许多大师的精彩表演,开阔了眼界,陶冶了艺术情操。在许多优秀老师的指导下,我的理论知识不断丰富,演奏技艺也突飞猛进。我深刻体会到"台上一分钟,台下十年功"的深刻内涵。最让我感到欣慰和有成就感的是通过我的不懈努力,我参加了全国和省市各项大小比赛,都取得了突出的成绩,得到了大家的一致认可。2002年,我有幸代表天津音乐学院参加了庆祝香港回归五周年"万人青年音乐会"的演出。当我站在红磡体育馆的台上弹起我心爱的琵琶时,感到了无比的荣耀和满足感。

学习一项本领真的很难、很累,也给我增添了不少烦恼。但是,付出汗水之后一定会有更多的成功和喜悦在等着我。为了将来的那一刻,我更要加倍努力!

掌握一门技艺就是获得一种财富,学习琵琶的过程就是积累财富的过程。首先,学习琵琶会获得大量的精神财富。音乐能净化人的心灵，对人的性情有极大的陶冶作用。其次，学习琵琶会获得大量的知识财富。要演奏好一首作品，除了需要扎实的基本功与高超的技巧外，还需了解作品的时代背景、作者生平、民风民俗；对乐曲要分析曲式、主题、层次、高潮、特点，还要有丰富的想象力，做到"言之有物"等。在分析了解的过程中，就会获得大量的知识。长此以往，就会成为一个知识丰富的人。

　　琵琶演奏是一门高雅的艺术。它不但内容博大精深，更重要的是对人的心灵有重塑作用。《乐记》中讲到，音乐"可以善民心，其感人深，其移风易俗"。学习者可以通过基础训练养成吃苦耐劳的性格，通过节奏训练培养严谨的习惯，通过视谱训练求得敏捷，通过背谱训练求得超人的记忆，通过乐曲演奏丰富自己的理解力、想象力、反应力、表现力……最后养成品正、志坚、博览、谦和的性情，达到高尚的境界而由此求得脱俗。比如，在弹奏《春江花月夜》这首曲子时，从高声到低音就是"大珠小珠落玉盘"，将那一江春水盈盈流到了眼前，令人陶醉！再配合张若虚的原诗，情景交融，如梦如幻！

　　有些人对学习琵琶望而生畏，非常想学但又怕学不会，感到琵琶很难学。其实难与不难只是比较而言的，任何一件乐器要学好都难。就琵琶难学而言，其原因是琵琶这件乐器入门难，再就是自学难。早年间如果没有老师指导，很难自学成才。现在琵琶已较为普及，各地琵琶高手林立；以教学为目的的视听资料及各种教材丰富；演奏方法日趋规范科学，学习条件已与以前有天壤之别，在这样的条件下学习琵琶应该说比较容易了。但学习琵琶并不是一蹴而就、轻而易举的。要学好琵琶非得吃几年、十几年的苦，常人难以想象。通过"夏练三伏、冬练三九"，在艺术的熔炉里千锤百炼后，才能熟练掌握，到达理想境地。

　　我真要感谢妈妈当初的选择，才能使我一步步走到专业的道路上。"浔阳江头夜送客，枫叶荻花秋瑟瑟，主人下马客在船，举酒欲饮无管弦……"当读到这首白居易的《琵琶行》时，便想起我与琵琶近20年的情缘，我还会与我那心爱的琵琶心心相印，直到永远……

二、中国古典十大名曲

1. 高山流水

　　传说春秋时代文人伯牙弹《高山流水》这首古琴曲子时，心中想到了挺拔的高山，樵夫钟子期听后拍手赞叹道："伯牙，你弹得真是太好了，就好像巍峨挺拔的高山屹立在我的面前。"伯牙心中想到流水，钟子期听后高兴地说道："真是妙极了！这琴声宛如奔腾不息的江河从我面前流过。"他们俩融洽默契，连外人也赞叹道："钟子期真是伯牙的知音呀！"子期死后，伯牙痛失知音，摔琴断弦，终身不操，故有高山流水之曲。

　　后来管平湖先生演奏的《高山流水》曾被录入美国太空探测器的金唱片，于1977年8月

22日发射到太空，向茫茫宇宙寻找新的"知音"。

2. 广陵散

《广陵散》，又名《广陵止息》，是一首曲调较为激昂的古琴曲。它讲述的是战国聂政的父亲为韩王铸剑因延误日期而惨遭杀害，聂政立志为父亲报仇，入山学琴十年，身成绝技，名扬韩国。韩王召他进宫演奏，聂政终于实现了刺杀韩王的报仇夙愿，自己也毁容而死。

此曲分为小序、大序、正声、乱声、后序共45段。乐曲定弦特别，第二弦与第一弦同音，使低音旋律同时可在这两条弦上奏出，取得强烈的音响效果。魏末著名琴家嵇康因反对司马氏的专政而惨遭杀害，在临刑前嵇康从容弹奏此曲以为寄托，之后《广陵散》名声大振，它蕴涵了一种蔑视权贵、愤恨不平的情绪。

3. 平沙落雁

《平沙落雁》是一首展景抒怀的琴曲，又名《雁落平沙》《平沙》，作者传有唐代陈子昂、宋代毛逊、明代朱权等。

全曲以水墨画般的笔触，淡远而苍劲地勾勒出大自然寥廓壮丽的秋江景色，表现出清浅的沙流、云程万里、天际群雁飞鸣起落的情景。曲意爽朗，乐思开阔，给人以肃穆而又富于生机之感，借鸿雁之高飞远翔，抒发和寄托人们的胸臆，体现了古代人民对祖国美丽风光的歌颂与热爱。

4. 梅花三弄

古琴曲《梅花三弄》又名《梅花引》《梅花曲》《玉妃引》，是我国古典乐曲中表现梅花的佳作，早在唐代就在民间广为流传。晋隋以来已有此笛曲，为东晋大将桓伊所作。后来经过唐代琴家颜师古改编为琴曲，流传至今。

《梅花三弄》的历史典故是东晋大将桓伊为狂士王徽之演奏《梅花三调》的故事。王徽之应召赴东晋的都城建康，所乘的船停泊在青溪码头。恰巧桓伊在岸上经过，王徽之便命人对桓伊说："闻君善吹笛，试为我奏。"桓伊坐在胡床上演奏了《梅花三调》，甚妙绝伦。

曲中泛音曲调在不同徽位上重复了三次，故称"三弄"。全曲表现了梅花洁白、傲雪凌霜的高尚品性。乐曲通过歌颂梅花不畏寒霜、迎风斗雪的顽强性格，赞誉具有高尚情操的人。

5. 十面埋伏

这是一首著名的大型琵琶曲，堪称曲中经典。乐曲内容的壮丽辉煌，风格的雄伟奇特，在古典音乐中是罕见的。

乐曲是根据公元前202年楚、汉两军在垓下进行决战时，汉军设下十面埋伏的阵法，从而彻底击败楚军，迫使项羽自刎乌江这一历史事实加以集中概括谱写而成。垓下决战是我国历史上一次有名的战役。

琵琶曲《十面埋伏》出色地运用音乐手段表现了这场古代战争的激烈战况，向世人展现了一幅生动感人的古战场画面。

6. 春江花月夜

一首抒情写意的文曲，旋律优美流畅，在演奏中运用了各种琵琶技法。曲式上用扩展、收缩、局部增减和高低音区的变换等手法展开全曲。此曲流传甚广，是琵琶古曲中的代表作品之一。它犹如一幅长卷画面，把风姿多彩的情景联合在一起，通过动与静、远与近、情与景的结合，使整个乐曲富有层次，高潮突出，音乐所表达的诗情画意引人入胜。

7. 渔樵问答

一首流传了几百年的古琴名曲，反映的是一种隐逸之士对渔樵生活的向往，希望摆脱俗尘凡事的羁绊。音乐形象生动、精确；乐曲通过渔樵在青山绿水间自得其乐的情趣，表达出对追逐名利者的鄙弃。

乐曲采用渔民和樵夫对话的方式，题材集中精练，以上升的曲调表示问句，以下降的曲调表示答句，曲调飘逸潇洒，描绘出渔樵在青山绿水中悠然自得的神态。乐曲中时而出现伐木或摇橹的声响，使人形象地联想起渔樵生活的情景。

8. 胡笳十八拍

古琴曲《胡笳十八拍》是根据汉代以来流传的同名叙事诗而创作的琴曲，是我国音乐史上一首杰出的古典名曲。

全曲共18段，运用宫、徵、羽3种调式，音乐的对比与发展层次分明，分两大层次：前一层次主要倾诉作者身在胡地时对故乡的思恋；后一层次则抒发出作者惜别稚子的隐痛与悲怨。乐曲以十分感人的乐调诉说了蔡文姬一生的悲惨遭遇，反映了战乱给人们带来的深重灾难，抒写了主人公对祖国、对故土的深沉思念及骨肉离别的痛苦感情。

9. 汉宫秋月

《汉宫秋月》讲述王昭君和亲出塞的故事。汉初开国元勋多为布衣出身，后妃宫女也多出身微贱。每一位宫女都心存梦想，即有朝一日能获得皇帝的宠幸。宫廷画师毛延寿因向王昭君索贿不成，故意在她画像上点了一颗痣，使王昭君的相貌显得比较普通、难看。如此一来，原本拥有惊人美貌的王昭君就淹没在众多宫女中了。她在宫中过着冷清孤寂的生活，青春年华年复一年地老去，所以听说和亲的机会后，王昭君果断地毛遂自荐。

此曲原为崇明派琵琶曲，现流传有多种谱本及演奏形式，乐曲表现了古代宫女哀怨悲愁的情绪及一种无可奈何、寂寥清冷的生命意境，细致地刻画了宫女面对秋夜明月，内心无限惆怅，流露出对爱情的强烈渴望。

10. 阳春白雪

现存琴谱中的《阳春》和《白雪》是两首器乐曲。《阳春》取万物知春、和风淡荡之意；《白雪》取凛然清洁、雪竹琳琅之音。此曲表现的是冬去春来、大地复苏、万物欣欣向荣的初春美景。旋律清新流畅，节奏轻松明快。后来，"阳春白雪"泛指高深雅致的文学艺术。

阳春白雪的典故来自《楚辞》中的《宋玉答楚王问》。楚襄王问宋玉："先生有什么隐藏的德行吗？为何士民众庶不怎么称誉你啊？"宋玉说："有歌者客于楚国郢中，起初吟唱'下里巴人',国中和者有数千人。当歌者唱'阳阿薤露'时,国中和者只有数百人。当歌者唱'阳春白雪'时,国中和者不过数十人。"《阳春白雪》等乐曲越高雅、越复杂,能唱和的人自然越来越少,即曲高和寡。

不同的欣赏者之间审美情趣和审美能力存在着巨大差异。乐曲的艺术性越高,能欣赏的人就越少。"雪唱与谁和,俗情多不通。"一个多元化的世界是不能离开"雪唱"和"俗情"的。

三、黑白有神韵,方圆是乾坤

"琴棋书画诗酒花"是人生美丽的意境,宛如仙境一般。古代常以"琴棋书画"论及一个人的才华和修养,其中的"棋"指的就是围棋。而我又独爱之,因它不仅培养品德,而且启发智慧。围棋是中华民族传统文化中的瑰宝,体现了中华民族对智慧的追求。由于它将科学、艺术和竞技三者融为一体,有着发展智力、培养意志品质和机动灵活的战略战术思想意识的特点,因而,两千年来长盛不衰,并逐渐地发展成了一种国际性的文化竞技活动。

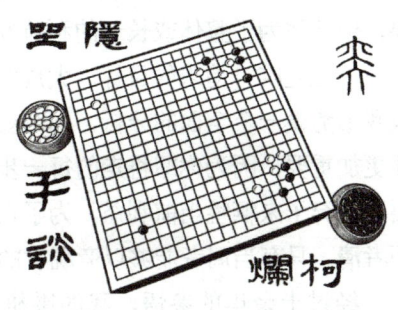

最初接触黑白世界,乃受家父影响。记得那是十三四岁时的事了。由于当时年龄小,天真烂漫,爱玩好动,下学后总要等到夜色渐晚才跟小伙伴们追闹着回家。母亲早已准备好晚饭等候,免不了一通唠叨,可这时的父亲每每都是捧着本书一声不吭。原来,这本令父亲魂牵梦绕、爱不释手的书是围棋棋谱。这样的书家里其实很多,如围棋的死活、手筋、定式等方面的书,都是父亲闲暇时买来钻研的。也不知父亲是什么时候、为什么喜欢上这些黑白子的。我想总有他自己的原因吧。

适逢周末,父亲和一位友人在家中对弈。我耐不住寂寞,也跑去旁边观看。只见桌上一枰棋、一壶茶、一把扇,二人眉头紧皱、以手托腮、若有所思,考虑片刻方能落子,且铿锵有声,一盘结束,终于释然,谈笑风生,互论长短,意犹未尽,似乎刚经历过刀光剑影、浴血拼杀。我不知其中奥秘,便催促问道:"怎么回事?快说给我听听,真有那么好玩吗?"父亲答:"围棋并不是单纯的游戏。在下棋中,年幼的可以启迪灵智;年轻的可以减轻压力,荡涤工作中的埃尘,陶冶情操;年长的可以休闲,颐养天年。棋艺高低在这里可以不论,高手与高手之间,低手与低手之间,所得到的乐趣是相同的。闲暇之时,纹枰之上,攻伐守战,那盎然的乐趣真不是笔墨所形容的那么简单。棋如人生,若即若离,黑白世界,纵横驰骋,此乃围棋之真谛。"这一席话使我恍然大悟,小小棋盘中竟有这么多内涵,怪不得父亲对它如痴如醉。

从此,我也对这黑白子产生了浓厚的兴趣,开始学习起来。父亲为了增强我的兴趣,让我先从五子棋学起,打下一定基础对围棋的学习会有所帮助。于是,父亲就成了我的指导老师,每周由著名棋手那威主持的《五子连珠》节目就成了我的必看节目。通过不断地学习，我的五子棋技艺突飞猛进，身边的亲朋好友，就连父亲的棋友们也逐渐成了我的手下败将——这陡然增加了我对围棋学习的信心。

直到我真正接触了围棋，才发现围棋并不是想象中那么容易掌握的。据说，国际象棋与中国象棋等棋类是可以编成人机对弈软件的，唯独围棋不行。曾经有人编过，但特别简单，可能一个"联众"的1D（段），也能将计算机这个对手杀得稀里哗啦。其中原因：围棋变化实在太复杂了，计算机这个对手根本无法控制。围棋的发展是随着人们智力的发展而发展的，是一个由简单到复杂的发展过程。它的复杂还表现在棋盘的道数上。棋盘的道数少，变化就少，下起来就简单；棋盘道数多，纵横交错，变化多，就复杂，下起来难，不好掌握。

围棋最看重大局观，每一步棋和每一次决策都要以大局为重，眼前或局部的利益固然重要，但往往为了整体或长远的利益要牺牲眼前的利益。大局观的目的只有一个，为了最终的胜利——这是唯一追求的目标。大局观说起来容易，但做起来难。大局观首先要求我们对当前的敌我形势做一个全面的分析，同时要预知到未来棋局的变化。这其中对未来棋局演化的预测往往更加重要，因为你即将走的每一步棋都是为了后续的利益服务的。为了获取长远利益，往往要通过弃子来牺牲当前利益，为了占据先机，要以先手为先并且防止对方脱先。当局者迷，旁观者清。只有当局者能够以旁观者的平常心来审时度势，才能够真正把握大势和棋局走向。

经过十余年的参悟，我的围棋水平还是没有太大提高。类似的游戏都是入门不难提高难。好在不以弈棋谋生，只是陶冶情操罢了。正如东坡老人所云："胜固欣然败亦喜。"无论胜负，我从不斤斤计较。我更醉心于与朋友在寂静的一隅品着香茗，若有所思地恬然对弈。那一刻，"不思身外无穷事，且下人生一局棋"。宁静致远，宠辱皆忘。

我喜爱围棋，只是想从中参悟人生。

我喜爱围棋的玄妙。围棋的黑白两色就像太极图，充满了玄机。黑者沉稳，白者纯正。正如宋代诗人喻良能在诗中描述的："睡馀无俗役，信手一枰间。胜负何须较，神情政欲闲。"身在棋中，清雅脱俗。闲敲棋子，悠然自得。

我喜爱围棋的张弛有度。拆得太宽了怕遭打入，拆得太窄了又显局促。人一旦好高骛远，容易竹篮打水；但安于现状，又陷于平庸寡淡。

我喜爱围棋的取舍有思。舍得，舍得，有舍才有得。广袤的棋盘上，你不可能到处都占了。有的地方梨园虽好，终非久恋之家。有的时候，即使是断壁残垣，也仍须誓死捍卫。不管怎样，棋筋不能丢，亦如人的生命不能轻易结束。

围棋，横竖19格361个交叉点，却演绎着一个无限乾坤。千古无同局，随你往哪里走，都是人生一局棋。胜负只在一线间，且落子不能后悔。一盘棋，下好了，顺风顺水，直挂云帆济沧海；走不好，亦步亦趋，行路难于上青天。如果把围棋的布局、中盘、收官比做人的少年、中年、晚年，那就要求我们要走好人生每个阶段的每一步，怎么走，全靠你自己的抉择。

四、练习书法长精神

书法是我国一种独特的艺术形式。这世界上，没有任何一国的文字能够像我国的汉字一样,藏乾坤、定气象,能够升华成厚重的书法艺术。自我们的祖先创造出了美丽的象形文字,虽然最初只是简单地用来记事,却也注定了汉字是对大自然美的一种描绘。经过几千年的演变,汉字逐渐发展成为书法艺术,由殷商时的甲骨文到秦篆汉隶,再到楷书魏碑,后又衍生了潇洒的行书、飘逸的草书。

说起书法,我的眼前浮现了这样的画面:一是拍卖会上,虽然纸张泛黄但墨迹依然清晰的各路名家的传世书法精品;一是在古装影视剧当中的镜头,一位温文尔雅的书生,手执精致的毛笔在宣纸上或楷或行、或隶或草地写出一个个优美的汉字。每当想到这些,心中不免赞叹,古人怎能把毛笔运用得如此娴熟,写出如画一般的文字来,心生无限崇拜之意。

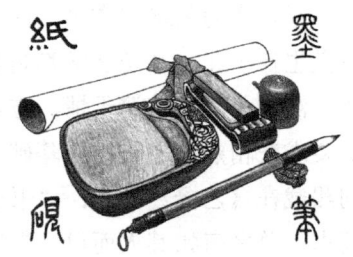

光阴流转,沧海桑田。随着社会的发展变化,如今许多人整天对着计算机打字,或在手机上输写,人们用笔写字的机会越来越少,字也写得越来越难看,而且经常提笔忘字。计算机虽然办事方便、快捷,但造成很多人对于中华民族传统的文化失去了兴趣,书法艺术也在其中。现在很多事情都可以上网完成,效果还比传统的方法理想得多,使很多传统的文化和习惯都失去了它原有的地位与功能。滚滚尘埃中,我也不例外,总是觉得时间很少,无暇去用手写文章,更不用说是学习书法了。直到2010年,单位工会为教职工开办了书法兴趣班,我才第一次真正系统地开始认识、学习书法。

对于我这样的书法初学者来说,第一节课要学的就是如何拿笔、写字姿势是怎样的、如何选择墨汁和纸张等最基本的常识。接下来的课程就开始正式学习怎样写字了。练习书法通常是由练习楷书开始的。古人说:"楷如立,行如走,草如跑。"楷书的点划丰富、结构严谨、法度森严,练好楷书再练其他书体触类旁通。我们的书法兴趣班是从学习颜真卿的楷书开始的。

颜真卿的楷书字形宽绰丰满,拙笔之中内涵雄伟、秀丽。听老师讲每一个笔画的书写要点,看着字帖上刚劲有力的汉字,手中握着毛笔,我不禁有跃跃欲试的想法。当真正下笔去写的时候才发现,这每一横、每一竖、每一点都不是轻易能写好的。一是要掌握基本的书写方法,再一点是要专心,凝神屏气专注地写好每一个笔画,仿佛是一呼吸这个笔画就写歪了。写完一行横或竖之后,往往觉得胳膊酸疼,真是练功夫啊。

一个学期的书法课程结束时,基本笔画已经学习完,我也写了一幅书法习作交给老师。看着自己的作品,虽然写得不太漂亮,但心情却是格外的喜悦,这毕竟是我第一幅"作品"。在这短短的学习过程中,我对学习书法以及书法这门艺术也有了一点小小的心得体会。

第一,学习书法要勤奋,贵在坚持。书法是没有捷径可走的,字都是一笔一画写出来的,只有坚持下去,才能有所成绩。如果是三天打鱼两天晒网的态度,永远也不可能把字练好,更不用说领会书法的精髓了。

第二,学习书法要有耐心、毅力,不能追求立竿见影的效果,要戒除浮躁。这也是提醒我们无论做什么不是一开始付出，就能很快得到回报。学习书法也一样，尽管不是每个学习书法的人都能成为书法家，但是想要把字写漂亮是大多数人的愿望。因此，学习书法时首先要去除急于求成的心理，要有耐心、有毅力、循序渐进，来不得虚夸浮躁。

　　第三，要用心去领悟书法中蕴含的美。学习书法，不能为了写字而写字，那样只能是字匠。作为艺术门类之一的汉字书法，其关注的重心是审美。书法之所以称为艺术，其精义也在于此。凡是艺术都是具有生命力的，书写者必须将自己的感情付诸笔端，心手达情，渗情入法，法溶于情，方可称为艺术，这要求书法家不仅要把字写得美，写出神采，更要求在精熟的书写技法基础上，融入自己的审美情趣、艺术修养和道德修养。清代学者刘熙载在《艺概》中说："书也者，心学也。"又说："书，如也，如其字，如其才，如其志，总之曰如其人而已。"所以，学习书法的时候要多揣摩总结，也包括字外之功，要求我们在练字之外多读书，多观察，读诗歌读散文，读历史文化等，提高自己的整体素质和人文修养。

　　当今社会快速发展变化，生活工作节奏不断加快，人们的心理也发生了变化，急于求成、心浮气躁，总想快一点成功、早一点成名，时时刻刻都会感到紧张和压力。在这样的环境下，如果能静下心来，放慢节奏，练习练习书法，对于放松身心、提高艺术素养、去除浮躁是很有帮助的。试想一下，在一张大大的书案旁，面前一张微微发黄的宣纸，耳边伴着高山流水般的中国古典民乐，写出一个个优美的汉字，那是怎样放松、悠闲的一种境界。书法在潜移默化地影响着我的生活方式。学习书法不仅学习的是怎样写字，还学习到了怎样生活。在练习书法的过程中，我们会发现更美丽的人生！

五、绘画艺术的魅力

　　各种艺术都是起源于人类对于美的追求，对自身认知、情感意识的体现，对现实世界的改造期望。人类为了追求美，不倦地运用一切条件，努力去创造心中的永恒。无数宏伟的建筑、动人的音乐、绚丽的舞蹈、感人的雕塑等，都成为美的存在，而凝固在画笔下的色彩和线条更是被人津津乐道。

目前已知人类最早的绘画于1879年在西班牙的阿尔塔米拉岩洞被发现。原始人在岩壁上用赭石等矿物颜料勾绘出许多动物，距今已经有两三万年的历史。即使以现代人的眼光去看，这些简单的线条和色彩，依然那样遒劲而富于表现力，能体现当时人类对自身及自然的认知，表现出了一种惊人的感染力，简直精美绝伦。

我国的传统绘画在世界上独具魅力。从先秦帛画到汉代宫廷壁画，再到唐宋时期的花鸟山水画，体现出中华文化的独特风格。中国十大传世名画之一的《清明上河图》堪为典范。该画作者为张择端。他用细致的工笔描述了北宋年间的汴京景色，将京城及汴河两岸的繁华景象和各种自然风光详细又不致冗乱地勾勒出来。画中的人物、河流、城镇景色仿佛栩栩如生，每个人各有自己的身份，各有自己的神态，各有情节，各有故事。房屋、桥梁等建筑结构严谨，描绘一丝不苟。车马船只面面俱到，谨小而不失全貌，不失其势。比如，船只上的物件、钉铆方式，甚至结绳系扣都交代得一清二楚，仿佛照相机拍下的一样，令人叹为观止。而那时候是没有照相机的，画家的绘画代替了照相机。该画现存于北京故宫博物院，成为我国绘画历史中不朽的瑰宝。

绘画可以描述眼之所见，但也不一定是机械地照录，颇可表达心之所感。法国画家莫奈于1873年完成了《日出·印象》。该画完全颠覆了以往对油画的认识，完全是由模糊的色块和色彩构成。古典绘画中对物体的仔细描绘及对构图的完整把握不见了，取而代之的是一种整体感，对于自然景色的直观描述，用略显凌乱的笔触表现出晨曦日出烟霭缭绕的景象，活泼的色彩给人眼前一亮的感觉，像是中国画，完全突破了西洋学院派对于绘画严谨固定的构图要求和对色彩呆板僵化的规定，成为印象主义绘画的开始。此画一展出就遭到了一些学究与画家的诽谤、奚落。有些评论家评之为"毛坯的糊墙纸也比这海景完整"。而随着美术认知水平的提高，这种绘画风格被越来越多的人所接受，运用光和色的表现手法描绘美的瞬间，将心灵对自然变化的实际感觉描述了出来，绘画也更近地走进人的生活，走入人心。

那么，我们普通人怎样欣赏绘画呢？

一要欣赏画的色彩美。我们看到一幅画，常常先被它的色彩吸引。色彩美是绘画美的主要因素。色彩被称为"感情的语言"，具有一定象征意义和表情作用。由于人们对色彩的感觉有冷暖、远近、轻重的差别，不同的色彩具有不同的情感意味。红色热烈，黑色凝重，蓝色忧郁，黄色明快等，是客观存在的。因此，巧妙地调色，使光亮和色彩合理搭配，就会产生感染力，给人带来美感。刘海粟于1976年所作的《黄山一线天奇观》，图中长松遒劲，群峰奔走，云涛翻腾，焦墨、茶褐、石青、石绿、朱砂、赭石、锌白，强烈、生硬、漫漶的色块，经过画家有机地组织，呈现出一种火辣辣的跃动感。特别是山巅一排朱砂，突出了黄山生命的喷薄和燃烧，有一种震撼人心的力量。

二要欣赏画的线条美。线条同色彩一样，也包含着各种情感意味，能触发和调动人的情绪和联想，产生不同的美感。雄伟高大的物体具有挺拔庄严之美，常用垂直的线条来表现；水纹的波动给人以流动、柔和的美感，则用曲线表现。画家手指尖流出的万种线条，表现出人们精神上内在的千种思想感情。南宋画家马远的《水图》，是12幅专门画水的作品。画家只是运用了非常简练的线条变化，就把不同条件下湖海江河多姿多态的变幻、微风吹起的涟漪、月光反照的激滟，惟妙惟肖地表现出来了，十分动人，堪称经典。

三是要欣赏画中形象的动态美。绘画形象只能是一个静止的凝固的瞬间，但现实生活却是运动变化着的活生生的长河。优秀的画家能够捕捉、选择现实生活中的某一瞬间，用静止的画面去表现鲜活的现实生活，用外部的面貌展示内心，用静止的场景表现运动的过程。徐悲鸿画的马，齐白石画的虾，之所以栩栩如生，就在于以静写动。

四是要欣赏画的形神统一。绘画反映生活不是自然主义的外形逼真，它要通过事物的外形，反映事物的内在特征、内在神韵，即绘画不仅要求形似，而且要求神似，做到"形"和"神"的统一。董希文画的油画《开国大典》，就是神形兼备的佳作。

博大精深的绘画，对我们来说已经不仅是艺术，而完全成了生活的一部分。许多人都有这样的经历，儿时的课本和练习册页边总画满了各种各样的涂鸦，闲暇时不经意随手绘出表述心情的线条。街边的年轻人开始叫卖手绘的鞋子或者衣服，艺术大师也以手绘提高各种贩卖商品的档次。我们在惊叹大师绘画完美的时候，也在用我们的思想和感受体会绘画给我们生活带来的各种美，丰富充实我们的生活，让我们可以更好地体会生活，体会人生、升华自我、欣赏美术。

六、唱起心中的歌

我从小就喜爱唱歌，而且会自然地调节气息、会使用嗓子。上小学时，老师教我们唱的好多校园歌曲，我至今仍可一字不落地唱完。一次偶然的机会，学校组织大合唱比赛，老师让每位同学都试唱自己会唱的歌，通过精挑细选有幸我被选为领唱。老师说我音准、音高、音质好，适合当领唱。通过这次大合唱，我们班拿了第一，我的表现得到了老师的好评，也引来校园里一群小伙伴围着我欢呼雀跃，让我体会到了众星捧月的感觉。

如果有人问我："你最大的爱好是什么？"那我就一定会回答说："唱歌和听歌。"从小学到中学、大学时代的我，都是班级里的文艺委员。上高一时参加过地区校园歌曲大赛，我还记得当时我唱的歌曲是《我想有个家》，荣获一等奖。那时的场景历历在目，让我至今难以忘怀。上大学前我准备选择上艺术类的学校，但由于父母不赞成，最终成为歌唱家便成为我一生的梦，唱歌只能成为我自娱自乐的业余爱好。虽然没选择上艺术类院校，但我一直没有放弃唱歌的爱好。在大学里，由于我平时经常参加校园组织的多种文艺活动且表现较好，学校的文艺演出总少不了我。

我最喜爱唱西藏、新疆、云南、四川和内蒙古等地的经典民歌或带有这些地方特色的新歌。这些歌曲明白如话、特色鲜明、优美柔和、悠扬动听、高亢有力、激越奔放。有时似明净的月光下流淌着的一弯碧沉的小河,给人以无限美好的遐想;有时像一片散发出和煦和温馨的野草香花,使我们犹如仰卧在宽阔的草原上,得以尽情地享受;有时似奔腾的黄河展现出千军万马之势,令听者从心灵上受到荡气回肠的震撼。说来也怪,凡是我喜欢唱的歌,它肯定会火起来,总要流行很长一段时间,真应了那句"英雄所见略同"的话了。时至今日,虽然我是80后,但仍然不改初衷,仍对以前那些经典老歌情有独钟。当然我对流行歌曲也有所喜欢,也有过对偶像歌手的痴迷和崇拜,也有过"追星族"的经历。

其实有很多人问过我:"你怎么不在小的时候就去学音乐啊?"我是这样回答的:"唱歌只是我的一个爱好,并不是我的职业。"我们在唱一首歌的时候,需要调动我们的精神、神经和肌肉等器官。经常唱歌我也总结了几点经验:①学会调节气息;②把握好高音;③锻炼肺活量;④注意表达和抒发内心的情感。

唱歌既是一种艺术,又是一种修养身心的好方式。唱歌除了能愉悦心情之外,还会对身体健康有益。多少年过去啦,我觉得唱歌有如下好处:唱歌有助于保持良好的身体姿势和形体动作的优美;唱歌有助于活跃思维;唱歌可以使性格沉着和增强自信心,并发扬克服困难的精神;唱歌可以改善一个人的表现能力;唱歌可以增强记忆力,集中注意力;唱歌发展了对声乐艺术的欣赏能力;唱歌通过对理想的探索,有助于个性的形成;唱歌有助于情感的通畅;唱歌可以改善生活状态和排忧解愁;唱歌可以培养一个人的勇气和耐心;唱歌可以促进新陈代谢,结实腹部肌肉,有助于脂肪燃烧;唱歌可以陶冶情操,净化心灵空间,打造迷人气质。此外,唱歌还是很好的社交工具,在KTV与朋友联谊,歌声有助于朋友之间的沟通和理解,增进彼此的感情和友谊。

人生难免有不如意之时。当我在生活中、学习中、工作中遇到烦恼时,自己会选择去KTV唱歌来缓解、宣泄自己的烦恼和不愉快的情绪。唱歌也能使人的性情产生变化,一个脾气暴躁的人要是经常唱一些轻柔的歌曲,坏脾气多少会得到收敛;自卑的人,多唱振奋人心的歌曲,那么自信也会慢慢找回来。

七、人生如舞,舞如人生

可能是由于女孩子追求美的天性,自小我就对荧屏和舞台上那一个个和着轻柔的旋律慢慢绽放的身姿有种特别的感触。小小的我总不由自主地跟着那些音符笨拙地扭动和旋转,将自己想象成舞台的主角。那时候的我做梦都会梦到——全世界一片黑暗和寂静,只有那一束灯光照着我,而我站在舞台中央尽情地舞蹈——踮起脚尖,张开双臂,旋转,跳跃……

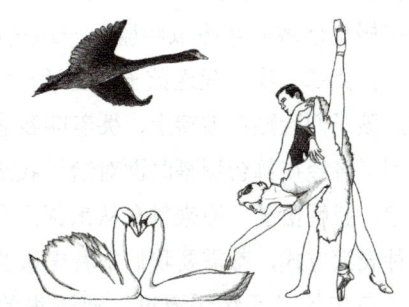

直到后来,我在妈妈的陪同下报名参加了舞蹈培

训班。我才知道，舞蹈的世界里，不全是灯光、掌声以及优美的旋律和鲜艳的舞蹈服，更多的是空旷的练功厅、硬硬的基训把杆、单调的节拍和常年不变的练功服。我当时有种神话破灭、心灰意冷的感觉。我哭着对妈妈说："我再也不练了，我讨厌练基本功。"

妈妈还是将哭着闹着的我带到了培训班，交给了老师。老师便带我到了她的办公室，让我看了一段舞蹈视频。那是她在一次青年舞蹈大赛上表演的《雀之灵》。我发现这段视频跟我梦里梦到的一样，仿佛全世界都停止了转动，只为了老师一个人的表演。看完后，老师问我："美吗？"我说："美！"可是，当老师卷起她练功服的裤腿时，我惊讶地发现老师的双腿膝盖上布满着疤痕，连脚上都是厚厚的茧子。老师跟我说："台上一分钟，台下十年功。只有将基本功练好，才能将最美的舞蹈表演出来。"

老师这句话深深刻在了我的脑海里。原来舞台上绚烂的背后是不为人知的枯燥和坚韧，鲜花掌声的背后是舞者的辛酸汗水。正如人们陶醉于帝王蝶的美丽，却永远体会不了它破茧的痛苦和挣扎。而这些阵痛中的挣动也是铸就梦想的开始。当激情消逝、心生烦躁，当动作不断重复、躯体近于麻木时，我选择了品味这种乏味、单调。我慢慢感悟出了舞蹈的魅力。身为舞者只有在练功厅挥洒出一片片的汗水乃至泪水，才能真切地体会到在舞台中央爆发出的美的真谛。

沉醉在舞蹈海洋中的我，在一次次训练的"积累"和表演的"爆发"中，我的身心都得到了锤炼。一次次的锤炼不但让我养成了外柔内刚的性格，更让我学会了感悟磨砺、快乐、艰辛、奉献、沮丧、成功；学会了感恩，感激我的几位指导老师的培养、同学的帮助，感激家人的陪伴与鼓励，也感激给予我掌声和鲜花的人们；学会了在舞台和生活中表达我用心得来的体悟和收获。

舞蹈——这一美丽的艺术是永恒的，但每个舞者的舞蹈生命是短暂的。或许由于命运的关系，我离开了为之奋斗了12年，抛洒过泪水、汗水，遭遇失败，也收获过成功的舞台，走上了同样神圣的讲台。心中有过留恋，有过彷徨，有过失落，更有过感伤。

初次走上讲台，面对着一张张青涩的小脸，我感到更多的是责任和压力。凡事力求完美的我更是不知所措。如何才能给这些孩子们，给这些孩子的家长们交一张完美的答卷？

内心带着几许忐忑，带着几许踌躇。面对从一名舞者到老师的巨大转变，我曾想了很多，但是从没想过退缩，因为每一个有孜孜追求的舞者，面对困难都不会退缩。所以我下定决心，以一名初学者的姿态，从学习教师的基本功抓起，一边加强教育理论的学习，一边积极地请教同事吸取经验，一边用心和孩子们沟通。

直到那一次，我送孩子们去学校安排顶岗实习的单位，学生们上了大巴，大巴开动的那一刻，孩子们脸贴在玻璃上，哭着叫我老师的那一瞬间，我的泪水也流了下来，那是幸福。我又找到了曾经在舞台谢幕时面对给予我热烈掌声的观众，我同样流着满脸幸福泪水的感觉。从那时起，我明悟了，原来舞台从来都没有离我而去，只不过是换了一种表演方式。但是，不管是哪种表演方式，都需要我们本着虔诚的态度，踏着扎扎实实的步伐，去努力，去拼搏！

三年的时间缓缓流过，河流里的水花和水声帮我忠实地记录着我的一步步成长，里面有看到孩子们获得荣誉的喜悦，有生病和过节时收到孩子们的祝福短信时的欣慰，也有面对孩子们捣蛋后不听管教的挫败和难过。

　　点点的酸甜苦辣让我慢慢地体会到了，舞蹈有舞蹈的艺术，教师有教师的艺术，同样人生也有人生的艺术。而且，人生其实就是一个大舞台，不管你是在灯光舞台上轻吟曼舞，还是在三尺讲桌上勤劳耕耘，若是你想获得掌声，感受丰收的喜悦，或者给爱你的人一些回报，你就得忍耐住枯燥、烦琐，努力锤炼自己、抛却浮华。

　　人生如舞，舞如人生。正如《礼记》所言"观其舞而知其德"。在人生这个大舞台上，我们都是舞者，我们时时刻刻都在舞蹈。但是，我们每个人的舞蹈能否完美落幕，其实还真正取决于我们自己为各自的"人生之舞"倾注了多少的心血，付出了多少的努力。

八、让羽毛球飞吧

　　伴随着"啪——啪——"的击球声以及连贯的高远球、平抽、扣杀、扑球、滑板吊球，我全身的每寸肌肉都在运动着，汗水不停地流下脸颊，打湿衣服，但神情依然专注。看着球馆中来回飞舞着的纯白色羽毛球，我着迷了，思绪也随之飞扬——深深喜爱上打羽毛球，已经两年。

　　小时候，我喜欢安静，常常一个人坐在阳台看天、思考、画画，偶尔那只黑白相间的猫在我身边溜达。我好静不好动的性格一直保持到大学。

　　在工作后的第二年，为了减轻体重，我一往情深地喜欢上了羽毛球运动。下班后，休息时，单位的羽毛球馆便成了我的天堂。观赏高手们的对决，看着洁白的羽毛球在空中轻舞，手中握着我的爱拍，禁不住跃跃欲试了。刚开始打球，技术不好，我就在场外观察学习高手们的技术动作，回家后再在计算机上研究羽毛球教学片和比赛录像，自学羽毛球基础知识，然后反复练习，渐渐地有了一些进步和成长。

　　我清楚地知道，羽毛球和所有其他的体育项目一样，只有长期刻苦训练才能取得好成绩。我的实力在圈内属于初级阶段，和高手对战时心中会忐忑，但是没有实战，不跟高手过招，不在每一拍、每一球中找到自己的缺点，那是永远都打不好羽毛球的。技术和经验是长时间锻炼和积累起来的，刚开始输球很多，受到的批评也多，但是我知道：未曾失败的人恐怕也未曾成功过，我可以接受失败，但我决不放弃！谁做事从一开头就一定很棒呢？我寻找自己的差距，发现自己的发球、引拍、接发球、吊球、和搭档的配合、站位、心理分析、对规则的掌握等，都存在问题。球网对面是我的前辈，他们的球龄都在5年以上，而我呢，一个初出茅庐的新手。不怕！我还有时间，进步需要过程。我打球是为了锻炼自己的身体，是为了让体重一磅一磅地减少，是为了挥汗如雨后的洒脱，也是为了锤炼意志，让自己更加坚强。

　　两年多的时间中，我从一个新手渐渐地成长为技术较为全面的球员，这是一个从量变到质变的过程。期间，有一些人离开，又有一些人加入，但是我始终没有放弃，有大概一半的业余时间都用在打球上了。有人不禁要问:你为什么要打羽毛球?费精力,花时间,流那么多汗。如果是开始时的我,可能会说:打羽毛球多时尚啊!但是现在,在场间休息的时候,看着大家打球,我会重新思考这个问题:大家一起打球,为了一个球而喝彩、高兴,为了一个球而沮丧、失望,大声地欢笑、大声地呼喊,不管你是领导,还是普通的职工,在这里都展现出一个真我,大家没有顾忌,放松地交流,何等惬意!忙碌一天,来此休闲,又是何等轻松!打羽毛球确实时尚,穿着专业的球衣和球鞋,拿着专业的球拍,背着专业的球包,但这些对于现在的我而言,已经不是最吸引的地方了。体育锻炼能增强人的意志,我在这两年里坚持打球,最大的收获是自己变得更坚强了,身体素质提高了。欲先文明其精神,必先野蛮其体魄!

通过打羽毛球,我还认识了一些朋友,扩大了社交圈,大家在一起谈论羽毛球,关心羽坛发展,常常挂在嘴边的是"超级丹"、陶菲克、李宗伟这些大牌球员。受我的影响,又有些朋友和同事加入到打羽毛球的队伍中来。看着他们渐渐迷上了羽毛球,看着他们在打球的时候那么尽兴和开心,我的心情也变得分外爽朗。不少外单位的队伍来比赛,我们时赢时输,我又懂得了山外青山楼外楼的道理。当你的状态处于顶峰时,不能小看他人,不能目空一切,否则必将遭遇失败。你只有不断探索,才会有新的进步。有时我也在问自己:小时候为什么没有好好地锻炼呢?有种和羽毛球相见恨晚的感觉,但时光不能倒退,好好珍惜现在最重要。锻炼身体从什么时候开始都不晚。打羽毛球,也是让自己变得更完美一些,在人生的舞台上要表现精彩,活出精彩,要下工夫,不能轻言放弃!

我仔细端详着手中的羽毛球:16根纯白色的羽毛、5克左右的重量。它给我带来了什么呢?强健的体魄,顽强的精神,轻松的心情,或许,还有更多吧。走进球场,托起这白色的羽毛球,引拍,击球,"啪"地一声,它飞向空中,就让它多飞一会吧!我要超越梦想,和这纯洁的白色一起飞翔!

九、影片《袁隆平》观后感

2010年11月中旬,单位根据省教育厅转发的省委组织部、宣传部、统战部《关于组织观看影片〈袁隆平〉的通知》要求,积极组织教职工观看了电影《袁隆平》。该片是根据我国农业科学家袁隆平真实事迹拍摄的。我和同事怀着激动的心情观看后感慨颇多,都被袁隆平心系祖国、无私奉献等精神深深打动。我作为一名工作在中职德育教学一线的年轻教师,看到此片犹见故人,甚感亲切。不是我有幸见过袁先生本人,而是我当学生时对他的事迹已有所学习。十余年后的今天,袁先生年已八旬,影片的结尾处看到他精神矍铄,用流利的英语和外国记者谈笑风生,诙谐幽默地再次谈到那个在水稻下乘凉的梦,我欣慰地笑了。

通过观看影片,我对袁隆平先生有了更为全面的了解:他曾受到党和国家领导人的接见和赞誉，是世界上顶尖级的水稻专家；他被聘为联合国粮农组织的顾问，在国际论坛上讲授杂交水稻理论；但他也是一个普通人，有着和普通人一样的爱情和家庭；他是一位人民教师，在三尺讲台上辛勤教学；还有人说他像一个农民，不管风吹日晒，都泡在稻田里精心呵护着被他视为生命的水稻——他是我心中永远的榜样。

1. 立志兴邦，热爱人民，坚持不懈，寻求真理

袁隆平是新中国培养的第一批大学生。他出生于旧社会，目睹过生活在落后中国的人民忍饥挨饿的悲惨，所以，农学院毕业后积极投身到农学教育的第一线，希望通过自己的努力让全中国人民吃饱饭、不挨饿。为了祖国的建设，袁隆平放弃了参加空军的机会，敢想敢干，在湘西安江农校扎下深根，立志要在这片土地上实现自己农学报国的志愿。在设备落后、资金缺乏的情况下，他意志坚定，追求真理，不断探索。影片中我们看到他用墨汁刷被单，实际上是要对嫁接到红薯苗上的月光花进行短日照处理，可见当时的安江农校条件何等简陋，这也反映出袁隆平不畏艰难、勇于创新的精神。对于那些空喊口号、弄虚作假的人，袁隆平敢于站出来予以批评。他崇敬科学，反对教条主义，敢于挑战权威，不过分迷信苏联生物学家米丘林、李森科的学说，在讲台上向学生传授货真价实的农学知识。影片中的刘老师是那个时代教条主义的代表，口号喊得好，喊得响，套路线，上纲领，在稻田里造假，在课堂上吹嘘，完全违背了灵魂工程师的良心，也违背了自然科学的规律。袁隆平是当时掌握真理的少数人，虽然多数人认为他是错误的，但是他仍然顶着压力，说实话，干实事，这让袁隆平失去了很多，受到了排斥、打击。

我未在那个时代生活过，但是当今时代是否也有弄虚作假、空喊口号的现象呢？作为一名德育教师，我自登上三尺讲台，就有一种崇高的责任感和使命感，看了《袁隆平》这部电影后，我更加明白"教师传道授业"，必须要相信真理，要讲实话，否则我们培育的这些"禾苗"将来如何在祖国的大地上茁壮成长？又如何让他们成为国家的栋梁？科教兴国，教育为先，教书育人，德育为本，育人者必须具有追求真理的思想品德，所以，身为德育教师的我将在日后的工作中以身作则，持之以恒地追求真理，也把真理的火种传给每一个学生。

2. 经历挫折，毫不气馁，一心一意，钻研科学

袁隆平在培育杂交水稻的科研道路上，经历过无数次的挫折与失败，但"失败是成功之母"。在他的研究不被同事看好时，袁隆平依然把全部精力投入到实验室和试验田中，这说明他时刻心怀祖国与人民，淡泊名利，把祖国和人民的利益置于一切之上。

他废寝忘食地工作，究竟是为了什么？看到影片中因为要把宝贵的种子拿出给袁隆平吃而跌落受伤的小凤，听到小凤父亲说出那是全家人视为命根的种子，甚至就连小凤妈去世的时候都舍不得吃的镜头，袁隆平痛心了，我的心揪紧了！那是新中国最为艰难的时刻，有多少人在挨饿啊！袁隆平说："我永远忘不了三年自然灾害，刻骨铭心！"就算是废寝忘食、遭人批斗、条件再苦，也要搞出高产水稻！正是这样的信念，让他为之奋斗了一生。袁隆平在搞杂交水稻的过程中，又研究孟德尔和摩尔根的学说，崇拜苏格拉底，在

"文革"中被扣上"资产阶级反动分子"的帽子，受到批判。影片中我伤心地看到，"革命小将"对他呵斥，毁了他辛辛苦苦培育的试验田，这些无知的举动严重阻碍了袁隆平的杂交水稻实验，但是他没有退缩不前、唉声叹气，依然勇敢地从头再来。

可以说，我们现在的教学环境与条件较为优越，党和国家、学校领导总是鼓励我们搞好教学、改革创新。所以，我们就更应该珍惜时光，深入钻研教学，致力于学术研究。近年来，在校领导与教务科领导的关怀、指导下，我们创新德育内容，创造性地开设了"中职生日常行为规范"课程，编写新大纲、新教材，制作新课件，撰写有关论文与调查报告，有的在省里被评为一等奖，教学效果明显，为学生的顺利成长探索出新路子，做出了新贡献。2009年6月，我开始了入党写实。2010年教师节，我光荣地被评为校先进个人。这是学校对我的肯定与鼓励。我会珍惜这一荣誉，继续在教学一线鼓足干劲、兢兢业业、踏踏实实地做好教学工作。

3. 舍弃小孝，大孝为国，生命不止，奉献不停

水稻——亿万中国人的粮食。民以食为天，民乏食，天将乱，生命必多艰。袁隆平培育的杂交水稻，是生命之稻。银屏上，他告别妻子和孩子，毅然奔向远方。他舍弃小家，为的是千万家。他的实验不被其他专家看好，受到冷嘲热讽，甚至上级某些领导也对他百般阻挠，但是袁隆平没有放弃，他坚定地说："你们可以不给我经费，可以撤销这个项目，我袁隆平决不放弃！"在海南的农场，经受了烈日的炙烤，经受了艰苦环境的磨炼，袁隆平更加坚强了，甚至对险些失去生命仅仅付之一笑。这个坚强的汉子在得知父亲去世的消息后黯然泪下，向着北方跪地痛哭。他的父亲没有得到他的孝敬，但是他是为了全天下的父母与百姓呀！袁隆平是中华民族的好儿子！影片中一位前来视察的农业专家，说水稻自交不退化，杂交无优势，这其实是美国哈佛大学的教科书《遗传学原理》中的内容。当袁隆平提出杂交水稻的研究课题时，就遭到某些权威学者的反对乃至嘲笑，但是他还是没有放弃，最终找到了败育型雄性野生稻，加快了三系配套进程。经过不断地攻克难关，终于取得了成果。自1978年杂交水稻推广至今，每亩平均增产20%以上，增产的6亿多吨粮食足以养活7000万人，我国的粮食产量实现了一次大飞跃，这是一个人间的奇迹！

袁隆平给全国人民送上了赖以生存的粮食，而我们教师送给学生的是精神食粮。粮食匮乏的国家，是贫弱的国家；没有知识的民众，是愚昧的民众。在教育这片广阔田地之上，我们教师要把根深深扎下，甘为人梯，精益求精，教书育人，乐于奉献，用心和生命培养学生，就像袁隆平那样，全身心地投入工作。或许个人会失去一些利益，但是我们的祖国将会更加强大，我们的国民素质将会一步步提高，中华民族千年腾飞的梦想就会实现！

这部影片还有其他看点，比如成书记，从始至终明辨是非，支持袁隆平的实验，称得上是尊重科学的领导、好伯乐的代表。袁隆平也并非是只懂业务的学究，他喜爱游泳，小提琴拉得很棒，说明他的个人素质很全面，这对我们的教育也很有启发。

《袁隆平》这部电影看完了，但我的心久久未能平静。2010年9月1日，是袁老的80大寿，在此，才疏学浅的晚辈要衷心送上迟到的祝福：祝老人家长寿吉祥，身体健康，晚年

幸福！我还想说，袁老的远大梦想定会实现。到时候，人们都会在巨大的稻穗下惬意地乘凉，更加幸福地生活。只要我们共同努力，发扬袁隆平道德高尚、献身科学、勇于创新、团结协作的精神，伟大的中华民族必定会全面复兴，为人类文明进步做出新贡献。

十、中国戏曲美在哪里

我国是一个戏曲大国。我国古典戏曲是中华民族文化的一个重要组成部分，它以富于艺术魅力的独特表演形式，为历代人民群众所喜闻乐见，在世界剧坛上也占据重要的位置。

戏剧是一种综合的舞台艺术，它借助文学、音乐、舞蹈、美术等艺术手段塑造舞台艺术形象，揭示社会矛盾，反映社会生活，引起观众强烈的情感共鸣，达到社会教育的目的。中国戏剧不是写实的真，而是艺术的真，是一种有规矩的表演法，比生活的真更深切。京剧作为我国300多个戏曲剧种之一，不但是中华民族戏剧文化的佼佼者，更在长期的锤炼与磨合中，形成了自己特有的风格。它行当全面、表演成熟、气势宏美，是近代中国戏曲的代表。下面以京剧为例谈谈中国戏曲美。

1. 高于生活的艺术

京剧的表演艺术采用虚实结合的表现手法，最大限度地超脱舞台空间和时间的限制，以达到"以形传神，形神兼备"的艺术境界。表演精致细腻，唱腔悠扬委婉，声情并茂。京剧艺术强调的真实是经过艺术创造后，源于生活又高于生活的艺术真实。因此，反映到京剧艺术中就是一种不违反生活本质，但又比生活更精粹、更美化、更典型的程式化的丰富艺术手段。

2. 布景简约明了

传统京剧舞台上基本没有布景、陈设也非常少。它是一种以虚拟化手段为主的表演艺术。演出时，大幕拉开，舞台上除一张桌子和两把椅子外，就什么都没有了。只有等演员出场，观众通过演员的表演才能知道这舞台上是表现什么地点、什么时间的故事，这就给演员在表现时间和空间上造成了很大的自由。演员在演出时打破了舞台对时空变换的限制。

3. 突破时空限制

戏剧本身不会受到时间和空间的限制。一幕到另一幕，一场到另一场，也许一晃就是十年二十载，一个演员在舞台上转一圈，就可以表示他从晋阳去了京城，他在舞台上把剑一挥，也可以表示他指挥了千军万马，尽管我们观看的时候什么也没有。演员在舞台上的最为简单的台步，也就是走路，都要具备严格的舞蹈规范并配合着音乐和锣鼓的伴奏，使其具备鲜明的节奏感。什么样的情绪，什么样的锣点，配合什么样的脚步，都是统一安排的。不但配合严谨，还要情绪吻合、节奏鲜明、舞姿优美。比如，老生要走四方步，也称八字步，要求抬腿亮靴底，腰为中枢，四肢配合。中年要快抬慢落，老年要慢抬快落，既有生活依据，又有节奏感。这些表演既源于生活又高于生活。

虽然是虚拟的，但是每一个动作都要表示一种含义，而观众对于这种含义也要有比较充分的了解。所以只要台上演员所做的动作合乎一定的规范，观众都能看明白，他所要表现的内容，如开门、关门、拿马鞭代替骑马等，也完全符合中国人重"写意"的审美特点。

京剧舞台和舞台上的布景，不仅要求尽量简单，同时也要求舞台装饰具有虚拟的特性。京剧舞台上常见的布景形式就是"一桌一椅"，通过桌椅的搭配以及摆放方式的不同就可以代表很多东西。如最常见的两把椅子中间放一张桌子，既可表示客厅也可表示居室。在《群英会》中有人见曹操时，最先椅子放在桌前，此时表示曹操在后营；随后曹操看过书信后命令升帐，这时椅子则放在了桌后，表示此时场景已经转至中军大帐，而有时同样的摆法椅子又代表床。但不管怎么说，京剧舞台上的布景都要和虚拟的表演结合起来。

4. 特殊的脸谱美

浓烈的油彩、斑斓的面庞，京剧的脸谱在拉开大幕的瞬间就让人暗自赞叹、心驰神往。京剧脸谱是中华历史文化的积淀，它吸收和发展了许多剧种的精华以及历代表演艺人的积累和总结。脸谱化妆更多表现的是人物的性格、气质、品德、情绪、心理等方面。通过脸谱对人物善恶、褒贬的评价是直接的、一目了然的。从前观众远离戏台，一看脸谱便能辨别出戏中粉墨登场的角色的忠奸善恶。经过不断实践才形成现在使用多种颜色富有装饰夸张效果、图案丰富、色彩斑斓、优美生动的脸谱艺术。

京剧脸谱洋洋大观、绚丽多彩，戏剧中性格品质极具鲜明特点的剧中人物一般都有自己特定的脸谱。演员们会用不同的颜色在脸上勾画出特定的图案以表示人物的含义：通常用红色表示忠勇正义的人物，如《千里走单骑》中的关公。黑色象征刚毅正直、勇猛鲁莽的性格特征，如《铡美案》中刚毅正直的包公、《霸王别姬》中勇猛鲁莽的项羽、《野猪林》中的鲁智深。张飞、鲁智深、李逵、项羽等在性格气质上大都属粗犷、奇伟、豪迈的人物，但他们又有各自不同的性格特点。为了表现张飞性格的豪爽勇猛，张飞的脸谱看上去就像是一只充满笑意的蝴蝶；而霸王的脸谱则是一副哭相，再配上"天灭我也，非战之罪也"，使霸王的悲剧英雄形象深深地刻在观众的心中。白色一般象征阴险狡诈的人物，如三国戏中的曹操。另外，还常用紫、蓝、绿、黄、金、银等来表现人物的性格特征。不同流派的同一个角色在脸谱的勾画上会有所不同；同一个角色由于年龄和性格的变化脸谱也会略有区别。例如，关羽在《单刀会》《白马坡》《古城会》中的脸谱在眉毛、胡子等处都略有不同。京剧脸谱中构图多种多样，再加上五彩缤纷装饰性很强的各种图案更使人眼花缭乱产生神秘感。脸谱是京剧中不可缺少的艺术。

如果没有脸谱，京剧将失色很多。京剧人物的脸谱形式独具，魅力无穷。京剧脸谱是刻画人物时对人物角色的一种艺术手段，用以表现人物的一种性格，是一种象征。这是京剧中不可缺少的艺术之一。京剧脸谱具有丰富的文化内涵和优美的图案。京剧脸谱早已成为中华文化的一部分。

5. 富于音乐美的语言

京剧具有诗一般的语言艺术，几乎每一句念白都讲究抑扬顿挫，平仄分明，朗朗上口；每一句唱词都注重诗词格律，或七言，或十言，更讲究合辙押韵，文理对仗。京剧的念白同样具有一定的音乐性和节奏感，是加工后的艺术语言，与唱词和唱腔相互配合、相得益彰。京剧的唱腔吸收了许多地方小戏的优秀唱法，调式非常丰富。它展示的是音乐美、韵律美，更多的是抒发人的内心情感。在《群英会》中为了表现周瑜英俊小生的形象及年轻气盛的性格特点，演员在演唱时，用介于童声和成年男子之间的真假混合嗓音来表现。这样就使人物盛气凌人的气势表现出来了。同时，观众在欣赏时由于其唱腔较清越，给人一种充满朝气的感觉。音乐对于听者可以引起各种心理活动。如果音乐配上歌词，则意象就更容易产生，也更明确了。例如，《空城计》中的"我正在城楼观山景，耳听得城外乱纷纷。旌旗招展空幡影……"这对于听众是很容易形成意象的。

6. 包罗万象的综合艺术

京剧把歌唱、音乐、舞蹈、美术、文学、雕塑和武打技艺融汇在一起，形成了"逢动必舞，有声必歌"的综合艺术。所谓"逢动必舞，有声必歌"，指的是演唱时，演员不仅要配合着优美的舞蹈动作，载歌载舞，而且要表现出鲜明生动的人物性格和情感。例如，《挑滑车》中为了突出剧中人高宠的英雄形象，"起霸"的动作要求敏捷、迅猛、粗犷和斩钉截铁，加上铿锵锣鼓的衬托，给观众一个初步的英雄形象；"走边"则是表现高宠壮志难酬时的愤怒和不满，因此，在有锣鼓伴奏的舞蹈还不能充分表现此时此刻高宠的内心世界时，要求演员歌唱以表现人物焦躁和压抑的心情，并在最后唱出"俺只待威风抖擞灭尔曹"的强烈愿望。这一段表演，就是通过舞蹈语汇、锣鼓的烘托、唱腔的意境和语言的表白来刻画高宠的心理活动。因此，观众就可以通过听觉和视觉、唱腔和音乐、锣鼓和表演神情，来理解高宠的性格和思想活动。

京剧的武打是武术技艺的舞蹈化。京剧的武打在急骤的锣鼓和音乐的渲染下，演员们把刀、枪、剑、戟舞得虎虎生风、威风八面。有的跳跃腾挪、翻滚飞旋，把跟斗翻得又高又飘、惊天动地。当戏剧情节紧张、人物感情波动时，人物动作的幅度加大，就更加夸张了。

7. 美艳绝伦的服饰

戏剧中的服饰是人物身份的一种标识，体现着鲜明的等级成分与职业特点。戏剧服饰在人物形象塑造、审美形式、渲染剧情、烘托气氛方面有其独到之处。服装不仅能营造强烈的视觉效果和表现人物的身份地位，也能随着剧情的发展表现人物的性格情绪，在整出戏中起画龙点睛的作用。《击鼓骂曹》讲的是谋士祢衡由孔融引荐给曹操，曹操未加礼遇，祢衡当面与曹操反唇相讥。元旦曹操大宴群臣，令祢衡为鼓吏，故意羞辱他。祢衡赤身裸体边击鼓边大骂曹操。戏中祢衡的衣服换了几次。他一上场穿的是褶衣，相当于便服，遭到了在场百官的嘲笑，随后祢衡脱去褶衣换上"富贵衣"，也就是我们所说的乞丐服，最后他换上相当于我们现在的睡衣睡裤，再配上"宁做忠良门下的客，不愿做奸贼帐上的人"的唱词，把祢衡不畏强权、蔑视权贵的性格活生生地表现了出来。

8. 唱念做打于一身

京剧艺术集唱、念、做、打于一身，并通过口、眼、身、手、步等技巧来塑造出各种类型和各种性格的艺术形象，创造出喜、怒、哀、乐、悲、恐、惊等各种情感的意境。

总之，舞台小世界，世界小舞台。京剧是一部浓缩了的中国文化史，集中体现了中国文化中文学、音乐、舞蹈的精彩与华美，把生活中平凡的故事升华为人生的哲理艺术的享受。一个中国人应该能够欣赏中国戏曲之美。

十一、摄影美欣赏要点

从人们对摄影的态度与投资来区分，摄影一般分为四种类型。

第一种是大众化的生活摄影。在结婚、旅游、聚会、集会、文体活动等场合，摄影作个记录、留个纪念，都属于这类摄影，可以请专业人士进行拍摄，大部分是自娱自乐式的摄影。这类照片通常是以实用、娱乐为主，不过多讲究艺术性。在许多场合，很多人是以玩的心态拍照的。

第二种是爱好者的摄影。他们配备有稍微好一点的设备，照相会讲究一些。照片的构图、影调、色彩、用光的技巧等会费一番工夫。他们拍出的照片向艺术摄影方向发展，细细欣赏这些照片已经有些看头了。

第三种是发烧友级别的摄影。他们对摄影有执著的追求，非常关注摄影器材的选择，舍得投资购买较贵的相机、镜头等。因为他们已算得上一定程度的专家，摄影作品的质量通常较高。

第四种是专业摄影家的摄影。他们已经把摄影上升为艺术，作品有构思，主题思想有内涵，拍摄时机与人物神态的把握具有艺术性，作品的视觉冲击力强，后期制作也较复杂。大师的作品总是很耐看，越看越有味道，非同一般。

那么，摄影作品从几个方面来欣赏呢？

（1）画面的构图一定要美，有一定的独特性。一幅好的照片能吸引观赏者目光的首先是它的构图。好的构图符合美的规律，不会抄袭别人的手法，以富有个性的、独特的方面表达创造者的思想感情。

（2）黑白照片则应该对比明显、色彩柔和，富有质感。彩色照片要色彩丰富、鲜艳，冷暖搭配得当，形式优美。

（3）主题突出。每一幅照片都有它的主题，即中心思想。不合主题的部分都应该虚化掉或暗淡下去。背景要干净，不能喧宾夺主，避免包罗万象。什么东西都高度清晰地照下来，结果什么都没突出。就像写文章、做工作一样，没有做到详略得当，肯定是失败的。有详有略，才能主题突出。

（4）要有时代感和感染力。一幅好的照片出现在你的面前，应该使观赏者感到非常震撼。要达到这样的效果，就要拍摄到有时代气息的画面，而且要有独特的感染力。

（5）光源运用恰当，层次要丰富、分明。摄影是光与影的艺术。逆光、侧光、顺光、顶光、底光、自然光、反射光等光源，如果费一番心思与功力，技巧运用得当，就会拍出好的照片。要捕捉到能反映主题的内容，光与影的应用很重要。前景、中景、远景都要清晰明朗。

（6）避免常识性错误。景太大、人太小、把人照得缺胳膊少腿等，是不应该出现的错误。当然，摄影家不是拍了一二百张照片就诞生的，谁都有个锻炼与成长的过程。拍得多，不断总结，就会越拍越好。

如今的摄影大多用的是数码相机，摄影时应该注意什么问题呢？

（1）拍摄时手要稳，尽可能使用三脚架，一方面可以提高图像在实际像素下的清晰度，另一方面能保证曝光量，从而拍出理想的照片。

（2）合理使用感光度（ISO值）。数码相机感光度值一般分为ISO50、100、200、400、800，甚至是1600。

光线充足的海边沙滩，可使用低感光度。光线较弱时，使用高感光度，这样快门速度相对提高，减弱了因快门速度过慢而引起的图像模糊问题。

（3）正确使用白平衡。白平衡通俗来讲就是数码相机感光元件对实际光线色温的一种调整，使画面颜色还原度达到最佳。白平衡一般分为自动、阳光、阴影、白炽灯和荧光灯，拍摄时选择与拍摄场景的光线相对应的模式即可，选错了就难以保证质量。

（4）在使用闪光灯的情况下拍摄人像时，要使用防红眼功能。

（5）数码相机与传统相机的区别在于感光元件的不同。数码相机的感光元件随着工作时间过长温度会升高，这时所拍摄的图像噪点明显。建议适当关闭相机，给它一个降温的时间，特别是长时间的曝光，更要留心。

十二、雕塑的力量

一刀一凿成风景，百感千叹赞英雄。当一个个英雄人物在能工巧匠的雕琢下，栩栩如生地展现在参观者的面前时，人们顿时仿佛回到了那个曾经战火纷飞、为了理想、为了共

产主义而奋斗的年代，自己也不禁湿润了眼眶，握紧了拳头，热血充满了身体，愿为心中的信仰抛头颅、洒热血。这就是雕塑的力量。

雕塑，是为美化城市或用于纪念人物与事件而雕刻塑造，具有一定寓意、象征或象形的观赏艺术品或纪念性艺术品。雕塑按形式一般分圆雕和浮雕两种。圆雕完全是立体的，占有独立的空间，立于地面或悬挂于空中，适于从上下左右、东南西北各个角度欣赏。当然，一般是从正面或侧面欣赏。浮雕分为高浮雕和低浮雕（也称浅浮雕、薄浮雕），通常以厚度的压缩程度和形体凹凸的高低厚薄不同而区分，它们的后面有依托，只能从正面这一个面欣赏。新中国几代人最熟悉的浮雕，莫过于人民英雄纪念碑上的8块汉白玉浮雕了。

人民英雄纪念碑是为了纪念公元1840年以来，为反对内外敌人、争取民族独立和人民自由幸福，在历次斗争中牺牲的人民英雄们而兴建的。1949年9月30日，中国人民政治协商会议第一届全体会议通过了建立这座纪念碑的决定。1952年8月正式开始动工兴建。一些全国著名的建筑家、雕刻家、美术家和全国优秀的雕刻工人都参加了建碑工作。8块汉白玉浮雕的主题分别是虎门销烟、金田起义、武昌起义、五四运动、五卅运动、南昌起义、抗日游击战和百万大军胜利渡长江，高度概括了中国革命波澜壮阔的历史场面。

碑身东面有两幅作品。第一幅浮雕为虎门销烟，刻画了鸦片战争前夕，1839年6月3日，林则徐于虎门主持销毁外国输入我国的鸦片的事迹。画面上，愤怒的群众正在把一箱箱毒害我国人民的鸦片运到海边，倾倒在放有石灰的窖坑里销毁，阵阵浓烟从石灰池中升起。人群的后面有炮台和千百只待发的战船，准备击退外寇的挑衅。第二幅描写了1851年太平天国金田起义的场面。

碑身南面的三幅作品分别是武昌起义、五四运动、五卅运动。1911年的武昌起义推翻了封建帝制，在中国革命史上具有划时代的意义。1919年的五四运动是旧民主主义革命转向新民主主义革命的转折点，浮雕刻画出了爱国青年学生在天安门前示威游行、向市民散发传单、慷慨激昂进行演讲的典型情景。五卅运动发生于1925年5月30日，是我国人民对帝国主义压迫剥削工人的反抗。

碑身西面的两幅作品为南昌起义和抗日游击战，表现了人民军队的诞生和中国人民打击日寇的情景。这是中国共产党的胜利，这是中华民族的胜利。

正对着天安门的碑身北面是纪念碑的正面，浮雕作品表现了人民解放军百万雄师胜利渡过长江的场面。浮雕上，指战员在冲锋，群众在支援前线，解放军在人民的支持下经过浴血奋战终于解放了全中国。

著名的文艺理论家、美术评论家、雕塑家王朝闻称赞人民英雄纪念碑的雕塑是"纪念性与创造性的对立统一，雕塑形象的生动性与概括性的对立统一，吸收外国经验与坚持中华民族艺术风格的对立统一，爱国主义与反对因循守旧的对立统一"。

每一件优秀的雕塑作品就是一个时代的缩影，是记录历史风云的生动范本。雕塑是文化艺术的重要形式之一，是一种凝练直观的艺术语言，不仅承载着历史的厚重，也承载着人文精神，具有形象直观、通俗生动、启人深思、陶冶情操、美化生活的重要功能。优秀的雕塑作品既是一个国家、一个民族的瑰宝，也是造型艺术和智慧的集中体现。追溯人类文明的演化过程，雕塑总是以它特有的形式叙说着关于历史和人类的命运。雕塑是静止的，被誉为凝固的音乐、凝练的诗歌，但在它凹凸起伏的表面闪动着艺术家情感和智慧的光芒，在坚实的体块深处蕴涵着内在的激情和力量。历史上那些不朽的雕塑作品，尽管历经世事的风雨沧桑，但它们以顽强的生命力穿越时空的帷幕，对后人的心灵产生潜移默化的影响，让人们在它们面前生发对真善美的仰慕和不懈追求，寄托对社会理想生活的憧憬和怀想，感受人类历史与生命的不朽和永恒。

十三、建筑凝聚智慧

建筑是人们用土、石、芦苇、冰块、木、钢、玻璃、塑料等一切可以利用的材料建造的构筑物。建筑的根本目的不是建筑活动，而是获得建筑所形成的"空间"，展示建筑人的智慧成果。

在人类的发展史上，最初的建筑主要是为遮风避雨、防寒祛暑而建造的，是人类为抵抗残酷无情的自然力而自觉建造起来的第一道屏障，只具有应付生活所需的实用目的。随着物质技术的发展和社会的进步，建筑才越来越具有审美的性质，具有越来越多的功能。

我国的优秀建筑不胜枚举。以太原晋祠为例，进入晋祠大门，首先看到的一个建筑就是水镜台，它坐东朝西，是一座戏台。"水镜"二字来自于《汉书·韩安国传》"清水明镜，不可以形逃"，寓意善恶忠奸尽人皆知。从建筑学的角度看，它体现了殿、台、楼、阁四种风格。水镜台是唱戏的地方，旧时没有良好的扩音设备，但这没有难倒聪明的中国人。为了让离戏台较远的观众能听到演员的唱腔和道白，建筑大师利用过人的智慧在台前两侧各埋下四个大瓮，两两相扣，形成四个"大音箱"，把声音传向更远的地方，观众不论站在何处都能听到台上传出的声音。

鱼沼飞梁是晋祠古建中的又一国宝。距今已有1500多年的历史了。这是一个方形的荷花鱼沼，在沼上架了一个十字形的飞梁，下由34根八角形的石柱支撑，桥面东西宽阔，南北如翼展开。桥边栏杆、望柱都形制奇特，人行桥上可随意走动，如泛舟于水面。这种突破一字桥形的十字飞梁,在我国现存的古建筑中是仅有的一例,极为珍贵。见多识广的建筑学家梁思成看见它后叹为观止,大加赞赏。

圣母殿是晋祠的主殿,位于晋祠中轴线西端,是晋祠国宝级建筑中价值最高的一处。殿外有一周围廊,廊柱上8条木制蟠龙造型精巧,栩栩如生,是我国现存木结构建筑中最早的蟠龙大柱。殿内宽七间、深六间,却无一根柱子,极其宽敞。原来屋架全靠墙外回廊上的木柱支撑,建筑学上叫作减柱营造法。廊柱略向内倾,四角高挑,形成飞檐之势。屋顶黄绿琉璃瓦相扣,远看飞阁流丹,气势雄伟。

山西有中国古建筑博物馆的美称。除了晋祠里的建筑,北部的大同华严寺内的华严宝塔、应县木塔、五台山大白塔,中部的一系列晋商大院(祁县乔家大院、太谷三多堂、榆次常家庄园、灵石王家大院等)、平遥古城,南部洪洞县的飞虹塔、运城解州关帝庙与普救寺等等,美轮美奂,美不胜收。

纵观历史,古今中外无数建筑精品无不凝聚着人类的智慧,成为一种艺术成就,使人激发意趣,遐想无穷。建筑是时代的一面镜子,它以独特的艺术语言熔铸反映出一个时代、一个民族的审美追求,被誉为"凝固的音乐""立体的画卷""无形的诗歌"和"石头写成的史书"。欣赏各种建筑增长见识、激发智慧,是美妙无比的精神享受。

十四、中国高铁像风一样快

1. 中国进入了高铁时代

2010年12月3日,在京沪高铁枣庄至蚌埠间的先导段联调联试和综合试验中,国产"和谐号"CRH380A新一代高速动车组最高运行时速达到486.1公里。这是继2010年9月28日沪杭高铁试运行创下时速416.6公里之后,我国高铁再次刷新世界铁路运营试验最高速。

我国是世界上高速铁路发展最快、系统技术最全、集成能力最强、运营里程最长、运营速度最高、在建规模最大的国家。

今后几年,我国高速铁路建设将进入全面收获时期。到2020年,我国铁路营业里程将达到12万公里以上，主要繁忙干线实现客货分线。其中，新建高速铁路将达到1.6万公里以上，建成"四纵四横"高速铁路专线网，加上其他新建铁路和既有线提速线路，我国铁路快速客运网将达到5万公里以上，连接所有省会城市和50万人口以上的城市，覆盖全国90%以上人口，"人便其行、货畅其流"的目标将成为现实。

我国的发展过去经历了一个又一个"时代"，现在我们进入的时代是"高铁时代"。仅用5年的时间，我国就走完了国际上40年高速铁路的发展历程，而且已经拥有了最快的列车。连美国前总统奥巴马都着急地说："美国修建了历史上第一个铁路网和高速公路网，但没有理由听任欧洲和中国造出最快的火车……"

2. 中国铁路的世界之最

我国铁路不仅有速度最快的高速铁路，还创造过许多世界第一。

（1）世界上最长的铁路公路两用桥。南京长江大桥于1968年建成，铁路桥全长6772米，两列火车可以同时对开，公路桥全长4589米，桥面上可以并列行驶四辆卡车，它是当时世界上最长的一座铁路公路两用桥。

（2）世界上运输量最大、效率最高的重载铁路——大秦铁路，创造了世界重载铁路运输的奇迹。大秦铁路仅用6年时间实现了年运量从1亿吨到2008年的3.4亿吨的飞跃，成为世界上年运量最高的重载铁路。

（3）世界上最高的铁路是我国的青藏铁路。青藏铁路全长1956公里，东起青海西宁，西至西藏拉萨，是世界最长的高原铁路，跨越昆仑山、唐古拉山，海拔4000米以上的地段有965公里，通过550公里的多年冻土层和大片"生命禁区"，打破了前人关于昆仑山脉不可逾越的断言。青藏铁路最高点海拔5072米，比此前世界上海拔最高的秘鲁跨越安第斯山脉的铁路要高200多米，是全球目前穿越高原、高寒、缺氧及连续性永久冻土地区的最长的铁路。

（4）世界上最长的海上铁道。1953年，我国在福建省的东南部集美至厦门之间修建了一条海上大堤，在上面建成的铁路长5032米，宽19米，这是世界上最长的海上铁道。

（5）中国铁路以占世界铁路6%的营业里程，完成了世界铁路25%的运输量，运输效率世界第一。

3. 青年学生的历史使命

在科学技术日新月异的年代，我国不仅有值得骄傲的高速铁路，有许多铁路的世界之最，在其他领域还有许许多多道不尽、数不完的世界第一。从古代的四大发明到现代的杂交水稻、航天事业等，我们为那些曾经震惊世界、影响世界的人和事物感到自豪，但是同时我们必须清醒地知道那是前人的成果，只能用来借鉴，不能用来依靠。而今我们是祖国的未来和希望，一定要提升素质，磨炼本领，牢记使命，担负起传递好接力棒的重任。

（1）热爱祖国，热爱人民。五千年的蕴涵和积淀，六十多年的扬弃和继承，一个东方巨人到了可以说"不"、可以发言的时候。没有强大的祖国哪有幸福的家，没有强大的祖国哪有个人的尊严。

（2）传承历史，继往开来。作为当代青年学生，不仅要感受中国历史的源远流长、中国文化的博大精深、中国人民的聪明才智,并且要做中华文明的传承者。更要担当起建设中国特色社会主义的重任,实现百年以来中国人民梦寐以求的国家富强、人民幸福的爱国理想,做继往开来的建设者。

(3) 学会思考,勇于创新。我国是世界文明发祥最早的四大文明古国之一,创造了许多世界奇迹,但更重要的是创造新的辉煌。在现代世界文明交流融合与冲突的洪流中,在一个充满创新、依靠创新的社会中,青年学生必须学会思考,勇于创新,用自己的聪明才智展示中国的自豪和强大。

(4) 积极努力,为国争光。为国争光靠的是实力,是不怕困难的坚强意志,是像钉子一样的钻研精神,是一丝不苟的学习态度。今天加倍努力学习,是明天为国争光的基础。

十五、听广播的时候

2010年12月30日,是中国共产党领导的广播事业暨中央人民广播电台迎来创建70周年的日子。

70年前,1940年12月30日的夜晚,一个声音从延安窑洞传出,它穿透抗日战争的烽火,响彻祖国大地;它向世界庄严宣告,中国共产党领导的中国人民广播事业诞生了;从那一天、那一夜,它开始了与中国革命同步、与党和人民同行的光辉历程。

在炮火中诞生,跟着新中国成长,在改革开放中发展壮大,这是中国广播70年来走过的足迹。在记录着一代代广播人的段段音响里,有着一段段难忘的记忆:

"在跌宕前行的新中国路上,是它忠实记录下历史的声音,每一笔光辉、每一次转身都清晰留声。""第十一届三中全会以来全国的面貌焕然一新。""中国政府宣布对香港恢复行使主权。""我宣布北京第29届奥林匹克运动会开幕。"……

广播不仅记录历史大事,也与人民的生活、思想、情感紧密相关。

"谁能够将电台情歌关掉/它将你我心事唱得太敏感/当两颗心放在感情天平上/想得太多又做得太少……"《电台情歌》又在我的耳边响起,才发现自己很久没有听广播了。

记得我的小学时代,中午放学回家,阳光从窗户照射进来,屋里飘飞的尘埃在阳光下舞动,那时家里的桌子上放着一台收音机。妈妈在广播声中煮饭,我趴在收音机旁边边听边写作业。阳光很温暖,气氛很温馨。那时的广播节目会接听观众的热线电话,没有发短信这一说。那时的我总觉得广播里面有一个大大的世界、我向往的美丽世界。《小喇叭》就是我当时的美丽世界。

后来,我读大学,开始了住校的日子。那些日子里陪伴我最多的就是手中的收音机。一方面收听BBC英语新闻是每个学英语的同学必须做的功课,另外最重要的是我已经养成了听收音机的习惯。《吉祥鸟》是每天宿舍最受欢迎的节目,我记得主播常说:"我们现在请导播接进一通电话。"然后一个人欢喜地说今天心情很好,所以想点支歌送给自己,祝自己永远这么快乐。我觉得那个人一定有一张微笑的面孔，在说话时，他的眼睛也充满了快乐。他在无形中让人产生了幻美的好感。现在的广播仍有点歌节目，已是数字化时代，人们不再写信，而是用手机短信点歌。我怀念那时那些在广播里打开信件的声音，窸窸窣窣，还有那些絮絮表达心情的句子，忽然就觉得手机短信有着距离的疏离感。

现在，互联网给人们带来了太多的惊喜，海量的信息让我们目不暇接，有时候我发现自己的眼睛太累了，就闭上眼慢慢感受一下广播的声音。你会发现眼睛看到的东西是进入大脑的，而耳朵聆听到的是直接进入心脏的。直达内心会让我们感受自己的存在，广播也可以让人认识自己的内心，让你感受自己，发现内心的悸动。

时间都是这样，在无形中就流逝了从前，也在无声中流逝掉现在。存在脑海里的，除了面容，还有声音，一些曾经打动过我们的共鸣。我喜欢听广播时让人有遐想甜蜜的感觉。

十六、学英语的快乐

最早接触英语是从初中开始。我的启蒙英语老师和蔼可亲、治学严谨、发音纯正，为我打下了良好的英语基础。从那时起我就喜欢上了英语，和英语有了不解之缘，也让我最终选择了英语老师这个职业。

中学时候浓厚的英语兴趣和良好的英语基础促使我高考时报考了英语专业，顺利进入了师范学院英语系，也开始了真正的英语学习。

踏入大学的校门，所有的专业课程都是用英语讲授，薄弱的英语听力让我一度很迷茫。我没有唉声叹气，而是奋起直追。大约过了三个月，我的英语听力有了显著的提高，老师所讲的课程都能听懂了。

学习英语离不开必要的工具。刚进大学我就买了《英汉词典》《英英词典》和短波收音机。遇到生词就查阅词典，很快我的英语词汇量就扩大了，英语的理解力也提高了。

我在课余时间充分利用收音机，收听BBC（英国广播公司）、VOA（美国之音）等英语教学节目。"万事开头难"，一开始难度肯定是有的，经过了一段时间之后，熟悉了播音员的音色和节目特点，我慢慢能够适应他们的语速和难度了，学习变得轻松了很多。坚持听英语广播与磁带，扩大了我的新闻英语词汇量，了解了英美国家的一些时事动态，更提高了我的英语听力能力。

在每周五晚上，系里会给学生播放外国经典电影，一场五毛钱，记得那时我经常会去看，《魂断蓝桥》《罗马假日》《哈姆雷特》《简爱》等电影情节至今历历在目。我最喜欢的外国电影是《阿甘正传》，这部影片曾经深深地触动了我的心灵。一个智商存在缺陷的人，通过自强不息的努力奋斗，顽强地生活着，在那个充满着竞争、弱肉强食的世界里牢牢把握住自己的命运，在复杂社会中站稳了脚跟。影片无论在人物塑造、音乐配制和台词设计上都是非常出色的。

要想学好英语，还应该多与他人交流。在大学里，我加入了一个英语社团，一年交十块钱，每周就可以借阅英语音像制品一到两种，看完可以不停地换，那时我经常借阅。社团有时还会组织话剧表演、演唱英文歌曲、英语演讲等，有时我也会参加，一方面锻炼了我的胆量，另一方面丰富了我的大学生活，陶冶了我的情操。

学习语言必须在课余时间常去图书馆，充分利用图书馆的资源，免费阅读英语杂志、英语书籍。《英语学习》《大学英语》《21世纪英语教育周刊》是我经常参阅的刊物。遇到值得记录的内容，我就做好笔记，这让我从中学到了很多知识。英语小说我从简写本读起，从易到难，陆陆续续读完的英语小说有上百本之多。外国的英语文学作品仿佛带我走进了一个不同的国家、一个不同的文化、一个不同的生活，结识了一些不同的朋友。在走入别样的文化、生活、人物、风俗的过程中产生了一种强烈的神往、一种强烈的欲望。每时每刻都想读！不知不觉中我学到了许多语言及语言以外的东西，我不仅掌握了大量的词汇、各种各样的语法规则，而且对英美国家人们的生活、文化、习俗也有了深刻的了解。

利用晨读的时间我会背诵一些英语经典文章、地道的英美生活用语。

大学期间我还养成了用英语记日记的习惯，把一天的所见所闻所想用英语记录下来，锻炼了我用英语思维的能力，也提高了我的英语写作能力。

假期我经常收看CCTV 10的《希望英语》节目，从中积累了很多英语知识，拓宽了我的知识面。

英语是一种语言，语言是用来交换思想，进行交流沟通的。英语口语的学习似乎更难一些，因为我们生活在无英语语境的环境里。尽管如此，我会珍惜每一次说英语的机会，我们大学宿舍里经常传来英语的聊天声，甚至去打水的路上我和舍友也会用英语聊几句。

利用周末时间我还参加英语角，在英语角上我结交了很多热爱学英语的朋友，探讨了很多感兴趣的话题。在英语角上有时不免也会遇到一些尴尬的事情，比如胆量不足、不知道如何表达等，因此在去之前我总会做一些准备，去的次数多了，慢慢就有能力妥善处理一些事情了。

当今社会网络如此发达，我会利用互联网学习英语，在英语聊天室跟陌生朋友谈天说地，一方面锻炼了英语口语，同时也避免了一些现实中的尴尬。

记得在我步入工作岗位之后，一次回家探亲路上，火车上邂逅了一组外国旅游团，坐我旁边的正是一对英国夫妇。我非常珍惜这次机会，毫不犹豫地跟这对夫妇聊起天来。他们非常热情，没有我以前想象的那么难沟通。一路上我们聊得非常愉快，他们还夸我的英语口语不错呢，两个小时的路程似乎过得很快，最后彼此还留下了联系方式。跟他们的聊天一度让我很兴奋，有了从未有过的愉悦感。

我有一个习惯，就是每次买了一件新东西都会对上面的包装或说明书仔细研究一番，当然我不是要研究商品本身，是为了看上面的英语注释，想多掌握几个地道的英语词汇与表达方式。前几天我买了一瓶止咳露，又从上面学到不少东西呢。比如说，有效期可以说成"validity"，规格可以说成"specification"，贮藏可以说成"storage"，放在儿童接触不到的地方可以说"Keep out of the reach of children"。这些内容都非常实用，虽然有时看了一遍不一定记得，但久而久之便会记得。

学习英语的兴趣大大激发了我的求知欲。我觉得英语是一扇窗口，它向我们展示的是一片广阔的天地、一派新奇的景象。当我能够用英语同外国朋友交流，了解国外的政治、经济、社会、历史、科学和文化，并取得第一手资料时，我才真正地领悟了掌握一种语言的妙处。

各种形式的英语学习给我带来了无穷的乐趣，我想这是因为我喜欢英语的缘故吧。我学习英语，享受这个过程。

十七、在天安门广场看升旗

还是上中学时的一年，国庆节来临之际，几个同学聊起怎么过节。这个说："我要去海南看椰林大海。"那个道："我早想到上海登上东方明珠去看看。"还有一位说："我太累了，哪也不去，就想在家好好睡几天，补补觉。"他们讲得很是热闹。有个同学见我没说话，问道："你打算怎么过节？"我不假思索地回答道："到天安门，看升国旗。"那位同学看看我，停顿一下，说："好严肃。有那么迫切吗？"我说："是严肃，很迫切。想过很久啦。"回家一商量，父亲说："好想法，我全力支持。"母亲说："举双手同意，早点买火车票。"

国庆节前一天，我们一家来到北京。为了方便第二天的行动，在建国门附近住下。住宿费偏贵，我们没有在乎。早点洗漱完毕，在手机上设定了闹钟，去休息，想着明天一大早庄严的时刻，激动得难以入睡。与父母聊了一阵有关国旗的历史，这才睡着了。

10月1日凌晨5:00，闹钟响了。我们穿好专门带来的新衣服，顾不上吃一口东西喝一口水，跑出了旅馆。天还有些黑，借着路灯和来往车辆的灯光，我们冲向地铁站。5:35，我站在了天安门广场的旗杆前。没有想到已经来了那么多看升旗的人，男女老少全都有，人们在凉风中说着天南地北的话，各个显得很兴奋。我身边还站着两个外国人。大家一边调试手里的数码相机或摄像机，一边不约而同地把目光投向天安门毛主席像下的那个大门。

"出来了。""国旗护卫队过来了。"6:00，36人的护旗仪仗队向旗杆走来。踮着脚尖，我看到战士们各个英俊威武、精神抖擞，迈动整齐的步伐，震颤着大地，激荡着苍穹，在万众瞩目中走来了。我的心怦怦快跳，血液往上涌。6:10，太阳微微绽放出第一丝光芒，看到擎旗手挂好了国旗，全场迅速安静下来。60名军乐手组成的升旗仪式乐队奏响了雄劲有力、振奋人心的《义勇军进行曲》。国旗开始升起，擎旗手潇洒漂亮地扬起旗角，闪光灯不停地闪烁。鲜艳的五星红旗在风中舒展开，哗啦啦飘扬着不断上升。36名军人整齐地挺胸抬头向国旗敬礼。看升旗的人们也仰头行注目礼。我学着军人的样子敬礼。那两个外国人将右手放在左胸部，也抬头看着我们的国旗。最后一个音符结束，国旗正好升到最高处，升旗仪式结束。离我不远处一位坐在轮椅上的大娘带头鼓掌，顿时响起一片掌声，时间持续数分钟。掌声停下，人们渐渐散去。我们三人又靠近看了看国旗，才慢慢离开。

朝阳，是你光辉的披风；海涛，是你荡起的波浪；白鸽，是你忠诚的卫士；云朵，是你舞动的裙角。我凝视着你，我热爱你，庄严的五星红旗，你使我心潮澎湃，你使我激动不已，你是我永远的骄傲，你激励我去创造奇迹。

十八、自信是自尊自爱、自立自强的基础

爱迪生上学之初不够灵巧，学习成绩较差。校方把他母亲叫去，数落了一顿，又说："像你家这样的儿子，我们实在教不了，还是把他领回去吧。"爱迪生母亲充满自信地说："我的孩子不笨，是你们教育方法不当。我会把他培养成一个优秀的人。"之后爱迪生基本没有进过学校，在母亲的教育下学习了一点文化知识。后来，经过艰难坎坷，爱迪生成为了一名伟大的发明家。

一个自信的母亲培养出一个自信的孩子，一个自信的孩子经过努力为人类文明进步做出巨大的贡献。

安徒生家境贫寒，但他没有抱怨父母，没有自轻自贱。十来岁时他一个人离开家乡奔向首都，想学习唱歌成为一名歌唱家，不幸的是，嗓音天生不好，甚至五音不全。安徒生没有回家，尝试童话写作。一次次失败，他毫不气馁。终于有一天，他的作品发表了。一步步走下去，安徒生成了一名伟大的童话作家。

自信使一个穷孩子历经磨难成为闻名世界的杰出人物。

鲁迅十三岁家道中落，遭尽外人与家族一些人的白眼，但他没有意志消沉、胡混日子。他想方设法减轻母亲的负担，到外地去求学，不到20岁考取官费留学生资格，到日本去学医。为了拯救麻木的灵魂，鲁迅弃医从文，以笔作刀枪与各种反动势力进行斗争，后来成了伟大的思想家、革命家、文学家。

鲁迅性格中最大的特点是坚忍不拔。在各种艰难困苦中，他为什么能够坚持下去、机智斗争？主要是因为他非常自信。他自信没有私心私利，自信侮辱诽谤只能暴露卑鄙者的丑恶，自信中华民族的脊梁不会弯曲折断。人的才华能力的高低是相对的，一旦失去自信就失去了一切。自信才能成功，古今中外概莫能外。

自信的对立面是自卑。自卑即轻视自己，认为自己处处不如人，没有别人好，赶不上别人。于是，思想不能解放，行为缩手缩脚，注意力不集中，士气上很低落，遇到一点困难就退下阵去，结果可想而知。

充满信心，保持自信，就完全是另一回事了。因为自信，所以敢想敢干；因为自信，所以放得开手脚；因为自信，所以做起事来神情专注，不易受外界干扰；因为自信，所以行动前态度积极，行动起来士气旺盛；因为自信，所以遇到困难会想方设法克服，不打退堂鼓；因为自信，所以能化腐朽为神奇，变不利为有利，脚踏实地进取，放眼未来向前。

当然，自信这种内在美与长相漂亮等外在美是不同的。内在美主要是后天习得的，外

在美多是天生的。自信需要进行培养锻炼。

那么，怎样才能拥有自信？

首先要有乐观的态度。遇事消极，情绪悲观，一副无精打采的样子，肯定会降低做事的效率。如果以积极的心态待人处世，就会充满活力、朝气蓬勃，自己愉快，别人也乐意与你合作。

其次，空有乐观而不了解自己，就会陷入盲目乐观。只有了解自己，才能找准自己的长处，看清自己的短处。扬长避短，就容易把长处发挥出来，把自己乐意干的事做得更好。当你在一件事情上拔得头筹，就会受到表扬奖励，下次做得就更好，自信心自然增加。但也要清楚，有长必有短，没有人事事能得第一，注意弥补不足就是了。

再次，自信来自实力。"这事我不怕。""那事没问题。"说这种话得有底气，底气靠实力来支撑。俗话说："没有金刚钻，别揽瓷器活儿。"总得有两手，才能做一些人做不来的，做好一些人做不好的，才能奠定信心。而要做到这步，背后得下大工夫。

还有一点就是要爱自己。这里说的爱自己不是自私自利、自高自大、只考虑自己不考虑别人、一切以自我为中心，而是尊重自己、喜欢自己、不否定自己作为一个生命的尊严、能够感受到生存与奋斗的快乐。如此爱自己，就会充分肯定自己的优点，敢于表现自己的长处，时刻相信自己，宽容自己的失败与不足，坦然面对外部的干扰与内心的冲突。这是一个人幸福的前提，也是我们能爱其他人的条件。

自信犹如地基。地基打好了，才能建起自尊自爱、自立自强的高楼大厦。

十九、保尔，永远的英雄

2000年，欣赏到我们中国人拍摄的长篇电视连续剧《钢铁是怎样炼成的》，内心又一次激起对主人公保尔·柯察金的崇拜。我一集不误地看下来，感情随着保尔同悲同喜，思绪随着保尔同战斗同成长。20集电视剧很快看完了，保尔的形象充满我的脑海。看电视不过瘾，我又一次从书架上取下原著，在紧张的工作之余，废寝忘食地读了起来。保尔这个平民英雄依然是我心中偶像。

没有人能够一夜之间成长起来，每个人的成长都是需要学习的。我喜爱保尔，因为他身上有那么一股子不肯服输的精神。无论是学拳击时几次被朱赫来打得趴在地上，还是面对敌人的枪林弹雨，他从不退缩。他站了起来，他冲了上去，他锤炼着自己，他仰天长啸。这就是英雄的本色，这就是英雄的气质。当我在求学的路上和工作中遇到了难题，有过不干了、退下去的想法。但是，一想到保尔坚定有力的目光、冲锋陷阵的身影，我便会迎着困难上去了。

我喜爱保尔，因为他是一个有理想并且时刻奋斗的人，后者尤其可贵。想想看，如果没有理想，他怎么会走向革命？如果只有理想而不去行动，他怎么会冒着生命危险以瘦弱之躯抢夺敌人手里的枪？他怎么会在暴风雪中筑路？他怎么会在双目失明后创作小说？

可以说，人人都有这样那样的理想，但为了实现理想持之以恒、坚持不懈、奋斗不息，才是令人钦佩的。也只有这样，才会有所成就。在这点上，我也想努力做得更好，但与保尔相比还有很大差距。所以，《钢铁是怎样炼成的》读一遍是不够的，今年暑假我计划再读一遍。不仅今年要读，以后还要读。不仅要认真地读，还要以保尔为榜样，学到他的真精神，落实到自己的行动中。

我喜爱保尔因为他是让生命活得有意义的人。我的长辈说，他们也喜爱保尔，可见一代又一代的人都被保尔感动了，因为他没有"因虚度年华而悔恨"、没有"因碌碌无为而后悔"。我们可以是一般人，但不应该是庸人；我们可以是普通人，但应该有较高的追求。对得起自己与父母，对得起社会与他人，对得起国家与民族，生命才有意义，生命才会活得精彩。

今天的时代，不是保尔所处的时代，但是保尔的精神将永放光彩。今天有很多新时代的人物值得学习，但是保尔仍然是我们成长的典范。

二十、以美储善，以美启真

真善美是人类永远追求的文明。三者是辩证统一的关系，既有联系又有区别，各有自己的领域而又相辅相成。三者并列组成一个美丽的词汇，美排在第三，但作用非凡。

美的事物像空气一样围绕在我们周围。弹奏琵琶、聆听古典名曲、放声歌唱是音乐美；下围棋是一种智力美；《清明上河图》是绘画美；写一笔好字能表现书法美；民族舞、芭蕾舞、街舞是舞蹈美；打羽毛球、篮球、乒乓球是体育美；影片《袁隆平》是影视美；京剧、晋剧、豫剧、越剧是戏曲美；美丽的照片是摄影美；人民英雄纪念碑上的浮雕是雕塑美；水镜台、鱼沼飞梁、圣母殿是建筑美；像风一样快的中国高铁是科技美；中央人民广播电台传出的声音是播音美；精彩的博客是一种精神美；学好英语能带来广泛的交流美；在天安门广场看升旗是旅游美；自信、自尊、自爱、自立、自强是人格美；阅读名著、名篇能欣赏文学美……说了这么多的美，还没有说曲艺（评书、相声、快板等）美、杂技美、瓷器美、剪纸美、刺绣美、篆刻美、青铜器美、玉器美、书籍装帧美、家具美、饮食美、烟花美、服饰美、化妆美、城市美、乡村美、居室美、编织美、插花美、茶艺美等艺术美与生活美。说美的事物像空气一样围绕在我们周围，还显得夸张吗？

除了纯粹的大自然之美，我们身边大部分的美是人类劳动创造的成果。马克思说：人类按照美的规律进行生产。什么是美的规律？通俗地讲就是满足人们物质性需要与精神性需要的规律。有些东西没有太大的实用性，主要是为了让人感到精神愉悦。比如，人们为什么要盖房子、修公路、建桥梁，因为它们能遮挡风霜雨雪、供人们居住、方便行走。如果它们在安全、便利的同时能具有优美的造型，我们就会在精神上更加愉快。能够创造美是人类的骄傲。动物从生到死基本上就忙两件事——觅食与繁殖。而人类能创造物质文明与精神文明，创造美并欣赏美。这不值得珍惜与骄傲吗？

美可以培养和积累我们的善。"人性本善"还是"人性本恶"作为哲学题目，探讨了几千年没有定论。但是，古今中外皆认为欣赏美可以促进人向善。一个四岁的孩子看着生病的小金鱼翻了肚皮会着急得哭泣；一个五岁的儿童会怒视摔死麻雀烤着吃的人。金鱼在水里畅游，麻雀在空中飞翔，多么美丽。不忍心看着它们受难，不忍心破坏那种美，就是善的表现。可惜，有人随着年龄的增长不欣赏美了，变得粗陋、低俗、野蛮、麻木，善良之心逐步丧失了。所以，一位中国台湾作家说："美是一个呼唤。""仁其实是生命可以发生的准备。"懂得欣赏美、创造美的人，会时刻呼唤自己善良做人、善良做事、不做恶人、不做恶事。"勿以善小而不为，勿以恶小而为之。"

美可以启发我们求真务实、爱真理、做真事。真善美的对立面是假恶丑。追求美的人乐于学习知识，提高技能，以劳动为本分，以奉献为光荣。一个工人想把活儿干好、干漂亮，既需要过硬的技术，还得有审美的眼光。一个教师要讲好一堂课，既需要专业知识，又得以美的形式吸引学生好学、乐学。来不得偷懒耍滑，来不得弄虚作假。工人一边做工，一边想着喝酒、抽烟、打麻将，只能出废品甚至出事故。教师在教室或实验室"传道、授业、解惑"，只是照本宣科、敷衍了事，只能误人子弟、被学生戳脊梁骨。追求美的人则会对工作精益求精，对社会、对国家尽心尽责。

总之，正如俗话所说："爱美之心人皆有之。"只要我们拥有淳朴的想法、发现美的眼睛，不丧失热情与好奇心，把对美的要求延伸到生活与工作的方方面面，我们不但会求真向善、快乐达观，而且会对中华民族的伟大复兴乃至全人类做出较大的贡献。

作业：围绕你自己欣赏美、创造美的长处，结合所学内容，谈谈欣赏美、创造美对你规范言行、陶冶情操、提高修养、促进成长等方面的作用何在。

第十一模块

11 明理篇

一、小寓言，大道理

（1）马和驴一起旅行，马拉着轻便的车轻松地前行，而驴驮着很重的鞍囊走路。"我多希望我是你。"驴感叹道，"你什么也不用做，却佩带这么漂亮的马具。"后来爆发了一场战争，马立刻被拉去军队使用，在最后的冲锋中不幸身受重伤。驴从将要死去的马身边经过，说道："我错了，安全比漂亮的衣服更重要。"

寓意： 随便羡慕别人有时并不可取，每个人都有自己的生活，都有自己的幸福与不幸。

（2）狼快饿死了，狗看见后问它："你现在自己找食的生活太辛苦，为什么不像我一样稳定地干活而获得食物呢？"狼想了想，说："你说的有些道理。假如有个地方住，我没有意见。"狗回答说："跟我到主人那里去。咱们一起工作。"狼点了点头。在去村子的路上，狼突然注意到狗的脖子上有一圈没有毛，问狗是怎么回事。"噢，这没有什么大不了的。"狗说，"主人每天晚上都用一条铁链拴住我，很快就习惯了。""就是这个原因造成的吗？"狼说道，"再见了。"

寓意： 生命诚可贵，自由比安乐更重要。

（3）河中漂流着一个瓦锅和一个铜锅。每当潮涨潮落时，瓦锅就尽量地远离铜锅。铜锅大叫："别害怕，朋友，我不会撞你的。""但是，我有可能会和你接触。"瓦锅对铜锅说，"如果我离你太近，无论是你碰到我，或者是我自己不小心碰到你，我都会碎的。"然后，瓦锅就漂走了。

寓意： 与强硬的人相伴，自己要有所掂量。

（4）一名车夫赶着货车沿着一条非常泥泞的小路前行。突然，马车的轮子陷入了泥潭，马无法将它们拉出来。车夫扔下鞭子，跪在地上，祈求大力神出现。"大力神啊，请来帮助我。"他说。大力神出现了，却说："朋友，用你的肩膀把车轮扛起来，再驱赶马把车拉出来。跪在那里祈求我有什么用呢？"

寓意： 当我们遇到困难时，不能只期望得到别人的帮助，而应该首先依靠自己的力量。

（5）一个挤奶姑娘头顶着一桶牛奶，前往集市。走了一会儿，她开始算计起卖完牛奶后要买的东西——"我要买一身新衣服，好去参加舞会，年轻的小伙子都会邀请我跳舞。"想到这里，她不觉地摇起头来，奶桶随之倾倒在地，牛奶都流了出去。女孩很伤心，两手空空地回到家里。母亲问明情况后对她说："我的孩子，不要过早地打如意算盘，做好眼前的事更重要。"

寓意：人必须踏踏实实做好眼下的每一件事，才有可能赢得未来。

（6）鹰在天空中飞翔，当它看见一只野兔时，就俯冲下来捕捉猎物。突然，有人一箭射中了它。鹰扇着翅膀降落在地面上，鲜血从伤口中喷涌而出。它低头看到箭尾竟是由自己的羽毛制成的，就痛苦地说："唉，我们总是给敌人提供毁灭我们自己的工具！"

寓意：人们常常因自己的原因而受到伤害，那种痛苦更令人难受。

（7）狐狸第一次见到狮子时非常害怕，赶紧藏到森林里。当它第二次遇到狮子时，则站在附近看狮子经过。第三次遇到狮子时，它竟有胆量走上前与狮子进行十分亲切的谈话。不久，它们变成了好朋友。

寓意：不要害怕不了解的事物，接近它就觉得没有你想象的那么可怕。

（8）有头驴发现一张狮子皮，它披着狮子皮走进村庄。所有的人和动物见到它走过来都逃走了。驴感到很得意，它高声地嘶叫，却被人认了出来。它的主人跑过来打了它一顿。不久，一只狐狸也跑过来，对它说："哦，你一张嘴我就知道你是驴。"

寓意：外表虽然可以暂时掩盖一个人的缺点，但它很容易被揭穿。

（9）一只熊出去找食物，找了半天都没有找到。偶然经过一户人家，听见房中孩子哭闹，接着传来一位老太婆的声音："别哭啦，再不听话，就把你扔出去喂熊吃。"熊一听此言，心中大喜，便蹲在不远的地方等起来。太阳落山了，也没见老太婆把孩子扔出来。晚上，熊已经等得不耐烦了，转到房前想伺机而入，却又听老太婆说："快睡吧，别怕，熊来了，咱们就把它杀死煮了吃。"熊听了，吓得一溜烟跑回老窝。同伴问它收获如何，它说："别提了，老太婆说话不算数，害得我饿了一天，不过幸好后来我跑得快，没把命丢了。"

寓意：别人信口开河，你就信以为真，全然不知许多时候人家只是在拿你说别的事而已。不要让别人的话改变了你的正常工作、生活。

（10）一只老山羊在小河边碰到一只小鸟在饮水，便说："你只顾在这里喝水，却完全不知道提高警惕。如果狐狸或者蛇突然过来，你的小命儿就丢掉了。"然后，又严肃地讲了许多道理。小鸟笑着表示接受。但老山羊一走开，小鸟就对身边的蚂蚁说："依仗胡子长冒充懂道理，去年，它的孩子还不是在这里让狼给吃了吗？"

寓意：每个人都在努力建立一个坚固的自我，以掌握对自己心灵的自主权，并经由外在的行为来检验自我坚固的程度。你若不了解此点，揭露了别人的错误，他就会明显地感觉到自我受到了侵犯，可能不但不接受你的好意，反而还会采取不友善的态度。

二、小故事，大智慧

1. 一事两说

一种说法：小时候父母不关心我，更爱弟弟。我的个性孤僻倔强，不爱说话，也没有什么快乐。但我很努力，考上不错的大学，毕业后到了国家机关工作，那里大多是老人，没有共同语言，很多事情论资排辈，我没有机会，觉得自己不重要。后来我离开国家机关到了一家公司，我的能力很快就得到领导的认同，许多重要的事情都放手让我去做。但我在领导面前说话不自然，发言不大胆，与同事交往也不主动，生活工作很压抑，也不开心。有过一次短暂的爱情，对方后来离开了  我。我很受伤，觉得自己是不被喜欢的人。我有几个朋友，朋友们发展得都比我好，更让我自卑。我感觉我的幸福被偷走了，怎么努力都不行。唉，我怎么能够走完我的人生呢？

  另一种说法：小时候我总不让父母为我多操心，个性倔强，但内心细腻、敏感。不爱说话，这让我拥有更多的自我空间，思考更多有益的问题。父母对我看起来不像对弟弟那么亲，但我知道他们非常爱我，对我很放心。我勤奋又聪明，考上很不错的大学，毕业后先到国家机关工作，那里都是老人，虽没有共同语言，但他们对我都很好。机会是少一些，但工作稳定。后来我到了一家公司，我的能力很快就得到领导的认同，许多重要的事都放手让我去做。我在领导面前说话不自然，发言不大胆，与同事交往也不主动。但我觉得一个新人不能锋芒毕露，谦虚一些更能被大家接受。我有过一次短暂的爱情，对方后来离开我，我觉得她没有眼光，看不出我才是她真正需要的人。我有几个朋友，有的朋友发展比我好，恋爱也不错，我由衷为他们高兴，但我相信我也会找到幸福。如果事实证明我有能力，我会奉献更多，为社会承担更大的责任。如果我的能力不行，那我也能独善其身，快乐满足地走完我的人生。

  一个故事如何描述取决于自己的心情，幸福的人做幸福的描述，不幸的人做不幸的描述。万事皆由心生，幸福与否在于我们内心的选择。对待人生、幸福与事业，我们要选择积极的心态去面对，摆脱消极的心理羁绊。

2. 没有汽车就不幸吗

  我有一个做律师的朋友，两年前到一个宾馆去开会，一眼瞥见领班小姐，疑为仙人，便趋前"套磁"。小姐莞尔一笑，用一种很不经意的口气说："先生，没看见你开车来哦。"

  这位朋友当即如雷轰顶，大受刺激，从此立志加入好车族。他准备把刚开了一年的小面包车卖掉，换一部新款的小轿车。我表示钦佩。然后他问我买车了没有？我老老实实地回答："还没有。"他同情地看着我："唉！一个男人，这一辈子如果没有开过自己的车，那实在是太不幸了。"

  按我目前的收入水平，买部新款小轿车，我得不吃不喝地攒上好几年。更糟糕的是，即使我抱定必死的决心，有一天终于买上了汽车，也许在我还没有来得及品味"幸福"滋味的时候，一个有私人飞机的家伙就会同情地对我说："我认为，一个男人没开过私人飞机实在是太丢人了。"那我这辈子还有救吗？

这个问题让我郁闷了很长时间。如何挽救自己，免于堕入"不幸"的深渊，让我甚是苦恼。有一天，我无意中看到了在我国台湾创立济慈医院的证严法师在一次讲法时说的一句话："有菜篮子可提的女人最幸福。"为什么呢？因为幸福其实渗透在我们生活中点点滴滴的细微之处，人生的真味存在于诸如提篮买菜这样平平淡淡的经历之中。我们时时刻刻拥有着它们，却无视它们的存在。

我突然开悟。原来我的这位律师朋友在用一个逻辑陷阱蓄意误导我：没有汽车是不幸的，你没有汽车，所以，你是不幸的。但这个大前提本身就是错误的，因为"汽车"与"幸福"并无必然的联系。社会的急功近利已导致了众多人的心理失衡，幸福感缺失。幸福是源于内心的平淡与沉静。

3. 做一个好的倾听者

几年前，某电话公司碰到了一个对客服人员大发脾气的用户，他说要他付的那些费用是敲竹杠。这个人怒火满腔，扬言要把电话线连根拔掉，并且到处申诉、告状。最后，该公司派了位最干练的调解员去见那位用户。这位调解员静静地听着，让那个暴怒的用户淋漓尽致地发泄，不时说："是的。"对他的不满表示同情。

"他滔滔不绝地说着，而我洗耳恭听，整整听了3个小时。"这位调解员后来对别人说道，"我先后见过他四次，每次都对他发表的论点表示同情。第四次会面时，他说要成立一个电话用户保障协会，我立刻赞成，并说我一定会成为这个协会的会员。他从未见到过一个调解员同他用这样的态度和方式讲话，渐渐地变得友善起来。前三次见面时，我甚至连同他见面的原因都没有提过，但在第四次见面的时候，我把这件事完全解决了。他所要付的费用都照付了，同时还撤销了向有关方面的申诉。"

无疑，那位用户自认为是在主持正义，在维持大众的利益，事实上他所要的只是一种重要人物的感觉。当他获得了这种感觉，那些牢骚也就化为乌有了。这恰恰是在调解员耐心地听他发火时开始的。

4. 心灵的镜子

美国某大学的科研人员进行过一项有趣的心理学实验，名为"伤痕实验"。他们向参与其中的志愿者宣称，该实验旨在观察人们对身体有缺陷的陌生人作何反应，尤其是面部有伤痕的人。

每位志愿者被单独安排在没有镜子的小房间里，由好莱坞的专业化妆师在其左脸做出一道血肉模糊、触目惊心的伤痕。志愿者被允许用一面小镜子照照化妆的效果后，镜子就被拿走了。

尤为关键的是最后一个步骤，化妆师表示需要在伤痕表面再涂一层粉末，以防止它被误擦掉。实际上，化妆师用纸巾偷偷抹掉了化妆的痕迹。

对此毫不知情的志愿者们被派往各医院的候诊室，他们的任务就是观察人们对自己面部伤痕的反应。

规定的时间到了，返回的志愿者们竟无一例外地叙述了相同的感受——人们对他们比以往更加粗鲁无理、不友好，而且总是盯着他们的脸看。

毫无疑问，他们的脸上什么也没有，是不健康的自我认知影响了他们的判断。

与脸上的伤痕相比，一个人心灵的伤痕虽然隐蔽得多，但同样会通过自己的言行显现出来。如果我们自认为有缺陷、不可爱、没有价值，也往往会以同样的怀疑、缺乏爱心、令人气馁的态度对待别人，从而很难建立起互信互利的人际关系。

人的心灵就像一面镜子，你感知到的是什么样的世界，取决于你如何看待自己。古人说的"面由心生，境由心造"就是这个道理。

5. 有些事并不像它看上去那样

两个旅行中的天使到一个富有的家庭借宿。这家人对他们并不友好，并且拒绝让他们在舒适的卧室过夜，而是在冰冷的地下室给他们找了一个角落。当他们铺床时，年长的天使发现墙上有一个洞，就顺手把它修补好了。年轻的天使问他为什么这样做，年长的天使答道："有些事并不像它看上去那样。"年轻的天使表示不解。

第二晚，他们到了一个非常贫穷的农家借宿。主人夫妇对他们非常热情，把仅有的一点点食物拿出来款待客人，然后又让出自己的床铺给两个天使。第二天一早，两个天使发现农夫和他的妻子在哭泣，他们唯一的生活来源——那头奶牛死了。年轻的天使非常愤怒，他问年长的天使为什么会这样，第一个家庭什么都有，年长的天使还帮助他们修补墙洞；第二个家庭尽管如此贫穷还是热情款待客人，而年长的天使却没有阻止奶牛的死亡。

"有些事并不像它看上去那样。"年长的天使答道，"当我们在地下室过夜时，我从墙洞看到墙里面堆满了金块。因为主人被贪欲所迷惑，不愿意别人分享他的财富，所以，我把墙洞填上了。昨天晚上，死亡之神本来是召唤农夫妻子的，我让奶牛代替了她。所以，有些事并不像它看上去那样。"有些时候，事情的表面并不是它实际应该的样子。如果你有信念，你只需要坚信付出总会得到回报。

6. 强者

五岁的浩浩和爸爸、妈妈、哥哥一起到森林里干活。突然，天下起雨来，可是他们只带了一件雨披。爸爸将雨披给了妈妈，妈妈给了哥哥，哥哥又给了浩浩。浩浩问道："为什么爸爸给了妈妈，妈妈给了哥哥，哥哥又给了我呢？"爸爸回答道："因为爸爸比妈妈强大，妈妈比哥哥强大，哥哥又比你强大呀。我们都会保护比较弱小的人。"浩浩左右看了看，跑过去将雨披撑开来挡在了一朵风雨中飘摇的娇弱小花上面。

看来真正的强者不一定是多有力或者多有钱，而是他对别人有帮助。责任可以让我们将事情做完整，爱可以让我们将事情做好。

7. 递减的奖励

一个老人生活在一条宁静的街道上，每天他都在黄昏时坐在窗前，看日落时的红霞，享受一段惬意的时光。可是有一天的黄昏，一群年轻人蜂拥而至，他们以踢丢弃在地上的铁皮罐为乐，大呼小叫，完全破坏了安宁的气氛。而且随后的几天皆如此，有一天老人来到这群年轻人的面前，告诉他们很高兴有人每天到这儿来嬉戏玩闹，为此他愿意给每人每天3元钱的酬劳。那几个年轻人自然喜出望外，答应每天都来。过了几天，老人告诉他们手头拮据，酬劳降为2元，年轻人没说什么，依然每天准时到。又过了几天，老人将酬劳降为0.5元，这下年轻人开始不高兴了，玩起来也不再起劲。再过了几天，老人说不再支付他们酬劳，这时年轻人都非常气愤，决定不再为这个老头服务，从此他们不曾来到这个街区，而老人重新开始欣赏黄昏时的日落了。如果老人一开始就痛骂年轻人，结果会怎样？

8. 白痴学者

"哗——"两盒牙签散落在地上，服务员连忙道歉，而雷蒙却愣愣地盯着洒了一地的牙签出神，不一会儿，脱口而出："198根。"弟弟瞅了他一眼，问服务员："是198根？""每盒100根，该是200根。"服务员答道。"是198根。"雷蒙似乎没有听到服务员的回答，执拗地重复着。弟弟一笑，想拉他走。"等一等。"服务员突然说，"对不起，的确是198根，这里还有两根。"在他手里的一个牙签盒里还留着两根未掉落的牙签。这是影片《雨人》中的一个场景。那个叫雷蒙的人，自幼住在精神病院，智商仅为50，远远低于常人，然而他却有着惊人的记忆力、计算力和视觉判断力。像这种低智能与一种或数种高度发达的特殊才能并存的病例，在心理学上称为"白痴学者"。我们不是白痴，通过努力是否会成为学者？答案是不一定。成为真正的学者要具备若干条件，但是不努力肯定成不了学者。

9. 脱掉脆弱的外套

一个女孩被老板炒了鱿鱼后，坐在单位喷泉旁边的一条长椅上黯然神伤。这时，她发现一个小男孩对她"咯咯"地笑，她好奇地问小男孩："你笑什么呢？""这条长椅的椅背是早晨刚刚漆过的，我想看看你站起来时背上是什么样子。"小男孩说话时一脸得意的神情。

女孩一怔，猛地想到，昔日那些刻薄的同事不正和这小家伙一样躲在我的身后想窥探我的失败和落魄吗？我决不能让他们的用心得逞，我决不能丢掉我的志气和尊严！

女孩想了想，指着前面对那个小男孩说："你看那里有很多人在放风筝。"

等小男孩发觉到自己受骗而恼怒地转过脸时，女孩已经把外套脱了拿在手里，她身上穿的鹅黄色毛线衣让她看起来青春漂亮。小男孩甩甩手，嘟着嘴，失望地走了。

生活中的失意随处可见，如同那些油漆未干的椅背在不经意间让你苦恼不已。但是，如果已经坐上去了，也别沮丧，以一种"猝然临之而不惊，无故加之而不怒"的心态面对，脱掉脆弱的外套，你会发现新的生活才刚刚开始。

10. 船长与海

有一个渔村住着甲、乙两位船长。有人问两位船长为何要天天出海捕鱼？甲船长一脸无奈地说："为了赚钱讨生活。"但乙船长的回答则不然，他精神抖擞、神采奕奕地说道："我喜欢海，喜欢他的澎湃汹涌，喜欢他的无边无际，出海是我每天最想做的事。"

那个人又问乙船长："难道你不是为了养家糊口吗？""不，生活只是附带的，我天天都想捕条大鱼，这种因付出而丰收的过程才能感受到最大的成就感。我喜欢乘风破浪，热爱挑战自我，生活从来不成问题。"乙船长为了捕条大鱼，不仅勤修船、编大网，还时时研究水文。他和他的伙伴们捕鱼的技术愈来愈好，每天都是满载而归。而无精打采的甲船长每日愁眉不展，水手们也士气低落，生性懒惰，每日所捕的鱼寥寥无几。有一天甲、乙船长相约同时出海，恰巧硕大无比的鱼出现了。甲船长先看见大鱼，却自知设备不足，怕鱼撞翻了船，只好眼睁睁地任大鱼游走。而乙船长准备多时，信心十足地率领士气高昂的水手与大鱼搏斗，经过一番英勇的拼斗，终于齐心协力地将大鱼拖回渔村，接受村民英雄式的对待与热诚的欢呼。

11. 来自草原的船长

有个叫阿巴格的人生活在内蒙古草原上。有一次，年少的阿巴格和他爸爸在草原上迷了路。阿巴格又累又怕，最后快走不动了，爸爸就从兜里掏出5枚硬币，把一枚硬币埋在草地里，其余4枚放在阿巴格的手上，说："人生有5枚金币，童年、少年、青年、中年、老年各有一枚。你现在才用了一枚，就是埋在草地里的那一枚。你不能把5枚都扔在草原里，你要一点点地用，每一次都用出不同的效果，这样才不枉人生一世。今天，我们一定要走出草原，你将来也一定要走出草原。世界很大，人活着，就要多走些地方，多看看，不要把你的金币没有用就白白扔掉。"在父亲的鼓励下，阿巴格走出了草原，后来，他成了一名优秀的船长。

12. 窗外的世界

两个重病人同住在一家大医院的小病房里。房间很小，只有一扇窗子可以看见外面的世界。其中一个人，在他的治疗过程中，医生允许他每天下午坐在床上一个小时（有仪器从他的肺中抽取液体），他的床靠着窗。但另外一个人终日都要平躺在床上。

每当下午睡在窗旁的那个人坐起的时候，他都会描绘窗外的景色给另一个人听。"从窗口向外看，可以看到公园里的湖。湖内有鸭子和天鹅，孩子们在那儿撒面包片，放模型船，年轻的恋人在树下携手散步，在鲜花盛开、绿草如茵的地方人们玩球嬉戏。"

另一个人倾听着，享受着每一分钟。他听见他的病友讲，一个孩子差点跌到湖里，一个美丽的女孩穿着漂亮的夏装……病友的诉说几乎使他感觉自己亲眼目睹了外面发生的一切。

然而，在一个天气晴朗的午后，他想：为什么睡在窗边的人可以独享观赏外面景色的权利呢？为什么我没有这样的机会？他觉得不是滋味，他越这么想，就越想换位子。有一天夜里，窗旁的人忽然惊醒了，拼命地咳嗽，一直想用手按铃叫护士过来，但常听故事的那个人却无动于衷——尽管他感觉同伴已经很危险了。第二天早上，护士查房的时候发现那人已经死了，她们静静地抬走了他的尸体。

过了一段时间，常听故事的人问医生是否能帮他换到靠窗户的那张床上。于是，医生帮他换了位子，使他觉得很舒服。她们走了以后，他用手肘撑起自己，吃力地往窗外望去，窗外却只有一堵空白的墙。只要有所憧憬，美景就会永远在你的眼前。

13. 做事有度

从前，有一位智者住在罗陀国。该国的商人每次出来采宝时，都把这位智者请到船上，希望借助他的力量，能化险为夷。船一直朝宝物的所在地前进，到了第7天，海水竟然变成了金色，就像铺了一层黄金一样。

商人问智者："蓝色的海怎么会变成金色呢？"

"我们进入了黄金之海，这里充满了数不胜数的黄金，彼此照耀闪烁，才会呈现这种情形。但是我们偏离了航向，非常危险，我们应该回到北方。"不料，船只顺风而行，继续漂向南方。几天后，海水又呈现了白色，好像冰雪世界。

智者又对商人说："现在，我们到了珍珠之海。这里全是珍珠，由于珠色交相辉映，才呈现出这种光芒。但是我们离目标越来越远，必须想尽一切办法回到北方。"然而，船只还是顺风而去，继续漂向南方。

几天后，海水几经变化，好像流出一片墨汁，到处是漆黑的颜色。接着远处传来巨大的爆炸声，忽然有一根巨大的火柱直冲天空。商人第一次看到如此可怕的情形，突然意识到自己的性命难保。

最后不得不向智者求援。这时，智者说道："连世间的大丈夫都会贪生怕死，你还是想想逃离苦海的方法吧。只要得到了这个方法，就能安全到达彼岸。"

商人立刻祈祷，祈求风平浪静。片刻之后，恶风终于停止，大家才脱离险难，到达藏宝之地，如愿以偿地得到了许多金银财富。

这时，智者向商人说："这些金银财富，世间难逢。前世有过布施，今世才能得到这样珍贵的财富。但是，你前世广行布施的时候，有过吝啬之心，以致现在遇到恶风，身心备受惊慌苦恼。你对这批金银财富必须知足，如果贪得无厌，必然会再次遇到灾难。"

14. 生命的价值

有一位著名的演说家没讲几句开场白，手里就高举一张20美元的钞票，问会议室里的200个人："谁要这20美元？"一只只手举了起来。"我打算把它送给你们中的一位，但在这之前，请准许我做一件事。"说着，他将钞票揉成一团，然后问："谁还要？"仍有人举起手来。他又说："那么，假如我这样做又会怎样呢？"他把钞票扔在地上，又踏上一脚，并且用脚碾它，然后他拾起又脏又皱的钞票，"现在谁还要？"还是有人举起手来。

"朋友们，你们已经上了一堂很有意义的课，无论我如何对待那张钞票，你们还是想要它，因为它并没有贬值，它依旧值20美元。人生路上，我们会无数次被自己的决定或碰到的逆境击倒、欺凌甚至碾得粉身碎骨。我们觉得自己似乎一文不值。但无论发生什么，在上帝的眼中，你们不会丧失价值。生命的价值不依赖我们的所作所为，也不依仗我们结交的人物，而是取决于我们本身！永远做自己生活和事业的舵手，才能真正达到幸福的彼岸。"

15. 绝症患者

她是一个法国女孩,是世界女子滑板锦标赛冠军。26岁时查出子宫癌,之后癌细胞不断转移,3年内她做了6次化疗,12次手术,子宫、卵巢、结肠均被切除。3年里,她除了痛苦没有别的。她想到了死,此时一个朋友开导她:"难道你的生活里就没有一点让你高兴的事?想想看,一定会有的。"此话提醒了她。3年前,在海边滑水是她一生中最愉快的一天。与其坐着等死,还不如去海边再滑滑水呢。可她得病3年,一下水就倒下了。她对自己说,我一定要站起来。于是,她多吃东西,开始锻炼,两个半月后能走路了,再过两个月,能滑水了……两年后复查结果表明:一切指标都正常,癌症不治自愈。心可以"治"病,同样也可以"制"病。

三、小笑话,大顿悟

1. 勺子

吉姆走进餐馆点了一份汤,服务员马上给他端了上来。服务员刚要走开,吉姆就嚷嚷起来:"对不起,这汤我没法喝。"服务员重新给他上了一个汤,他还是说:"对不起,这汤我没法喝。"服务员只好叫来经理。经理毕恭毕敬地朝吉姆点点头,说:"先生,这道菜是本店最拿手的,深受顾客欢迎,难道您有什么特殊要求?"吉姆说:"我,我,我是说,勺子在哪里呢?"

顿悟:错了不怕,改掉就好。但是,有时我们却改掉正确的,留下错误的,结果是错上加错。

2. 穿错

餐厅内一个异常谦恭的人胆怯地碰了碰另一个顾客,那人正在穿一件大衣。"对不起,请问您是不是罗姆先生?""不,我不是。"那人回答。"啊,"他舒了一口气说,"那我没弄错,我就是他,您穿了他的大衣。"

顿悟:要做到理直气壮,并不是件容易的事情。理直的人往往低声下气,而理歪的人常常气壮如牛。

3. 回电

一个苏格兰人去伦敦,想顺便探望一位老朋友,却忘了他的住址,于是给家里的父亲发了一份电报:"您知道托马斯的住址吗?速告!"当天,他就收到一份加急回电:"知道。"

顿悟:当我们终于找到正确的答案时,却发现它有可能是无用的。

4. 伤心

有三个人到纽约度假,他们在一座高层宾馆的第45层订了一个套房。一天晚上,大楼电梯出现故障，服务员安排他们在大厅过夜。他们商量后决定徒步走回房间，并约定轮流说笑话、唱歌、讲故事，以减轻登楼的劳累。笑话讲了，歌也唱了，好不容易爬到第34层，大家都感觉精疲力竭。"好吧，彼德，你来讲个幽默故事吧。"彼德说："故事不长，却令人伤心至极——我把房间的钥匙忘在大厅了。"

顿悟：我们有痛苦，所以才幽默；我们用幽默的态度对待一些事，所以我们快乐。

5. 卖书

一个很有名的作家要来书店参观。书店老板受宠若惊，不假思索地把所有的书撤下，全部换上作家的书。作家来到书店后，心里非常高兴，问道："贵店只售本人的书吗？"

"当然不是。"书店老板回答，"别的书都卖完了，就剩您的了。"

顿悟："拍马屁"有时像是在奉承他，有时又好像在侮辱他。

6. 帮忙

在邮局大厅内，一位老太太走到一个中年人跟前，客气地说："先生，请帮我在明信片上写个地址好吗？""当然可以。"中年人按老人的要求做了。老太太又说："再帮我写上一小段话，好吗？谢谢！""好吧。"中年人照老太太的话写好后微笑着问道："还有什么要帮忙的吗？""嗯，还有一件小事。"老太太看着明信片说，"帮我在下面再加一句：字迹潦草，请仔细辨认。"

顿悟：你若不肯帮忙，人家会恨你一个星期；如果决定帮助别人，就要全力以赴。

7. 对话

一位老师对一名小学生说："你不要再玩扑克了，从今天起我给你补课。"学生说"是。谢谢老师。"老师说："十加二等于几？"学生回答说："Q。"

顿悟：人一旦对什么着迷，说话常常会不假思索。

8. 角度

一只猫说："我家主人对我太好了，对我的关心无微不至。莫非他们是上帝？"一只狗说："我家主人对我太好了，对我的关心无微不至。莫非我就是上帝？"

顿悟：同样的事情，换个角度看，结论完全不同。

9. 回答

妈妈说："儿子，看我多辛苦，又给你做饭，又给你洗衣，你长大后应该怎样做？"儿子："妈妈放心，我长大后也给我儿子做饭、洗衣，我还会给他买好吃的，陪他玩游戏哦。"

顿悟：每个人都活在自己的世界里。一个人觉得理应得到自己想要的答案，但另一个人可能想的是另一回事。

10. 提醒

某刁蛮女子要出嫁了，准女婿听未来的岳父训话。老人说："你们结婚后，你一定要……"准女婿立即接话道:"我一定会照顾好您的女儿。请您放心。"老人说:"不,不,我是要说你一定要照顾好自己。"

顿悟:有时说话稍微缓一拍会了解别人的真实意思。

四、小秘诀,大成功

不知则问,不能则学,虽能不让,然后为德。闻之不见,虽博必谬;见之而不知,虽识不妄;知之而不行,虽敦必困。

——荀况

读书有三到,谓心到,眼到,口到。心不在此,则眼不看仔细,心眼即不专一,却只漫浪诵读,决不能记,记不能久也。三到之中,心到最急。

——朱熹

凡事都要脚踏实地去做,不驰于空想,不骛于虚声,而唯以求真的态度作踏实的工夫。以此态度求学,则真理可明;以此态度做事,则功业可就。

——李大钊

讲到学习方法,我想用六个字来概括:"严格、严肃、严密。"这种科学的学习方法,除了向别人学习之外,更重要的是靠自己有意识地刻苦锻炼。

——苏步青

学和行本来是有联系着的,学了必须要想,想通了就要行,要在行的当中才能看出自己是否真正学到了手。否则读书虽多,只是成为一座死书库。

——谢觉哉

独立思考能力是科学研究和创造发明的一项必备才能。在历史上任何一个较重要的科学上的创造和发明,都是和创造发明者的独立地深入地看问题的方法分不开的。

——华罗庚

懒于思索,不愿意钻研和深入理解,自满或满足于微不足道的知识,都是智力贫乏的原因。这种贫乏用一个词来称呼,就是"愚蠢"。

——高尔基

想象力比知识更重要,因为知识是有限的,而想象力概括着世界的一切,推动着进步,并且是知识进化的源泉。严格说来,想象力是科学研究中的实在因素。

——爱因斯坦

天然的才能好像天然的植物,需要学问来修剪。

——培根

人不光是靠他生来就拥有的一切,而是靠他从学习中所得到的一切来造就自己。

——歌德

聪明的人有长的耳朵和短的舌头。

——弗莱格

人的天才只是火花，要想使它成为熊熊火焰，那就只有学习！学习！

——高尔基

有教养的头脑的第一个标志就是善于提问。

——普列汉诺夫

我的努力求学没有得到别的好处，只不过是愈来愈发觉自己的无知。

——笛卡儿

学问是异常珍贵的东西，从任何源泉吸收都不可耻。

——阿卜·日·法拉兹

学习是劳动，是充满思想的劳动。

——乌申斯基

把学问过于用作装饰是虚假。完全依学问上的规则而断事是书生的怪癖。

——培根

当你还不能对自己说今天学到了什么东西时，你就不要去睡觉。

——利希顿堡

游手好闲的学习并不比学习游手好闲好。

——约·贝勒斯

求学的三个条件是：多观察、多吃苦、多研究。

——加菲劳

学到很多东西的诀窍，就是一下子不要学很多。

——洛克

知识，只有当它靠积极的思维得来而不是凭死记得来的时候，才是真正的知识。

——托尔斯泰

多则价廉，万物皆然，唯独知识例外。知识越丰富，则价值就越昂贵。

——马戈

作为心智脂肪储备起来的知识并无用处，只有变成了心智肌肉才有用。

——斯宾塞

知识和世故不同，真有学问的人往往是很天真的。

——罗曼·罗兰

知识有两种，其一是我们自己精通的问题；其二是我们知道在哪里找到关于某问题的知识。

——约翰生

知识是治疗恐惧的药。

——爱默生

知识有重量，但成就有光泽。有人感觉到知识的力量，但更多的人只看到成就的光泽。

——切斯特菲尔德

知识是珍宝，但实践是得到它的钥匙。

——托马斯·富勒

五、小诗歌，大志气

星
放歌向远星，
垂钓在丹溪。
喜观蓬勃日，
跃马黄河西。

志
从来志高远，
浩气可凌云。
大鹏一展翅，
九州起回声。

咏梅
并州少见梅，
盈尺纸上开。
众芳点瘦骨，
清气满乾坤。

咏兰
写兰容易得神难，
刻意雕琢墨醮干。
琳琳秀骨本天成，
青青叶子显自然。

咏竹
偶过玄中寺，
数竿新绿姿。
无花亦不俗，
莫问生熟时。

咏菊
陶公旧友应秋声，
凌霜自开骨铮铮。
红黄紫白色彩艳，
风里雨里见精神。

咏荷
碧水迎秋风，
暗香更宜人。
夏日芙蓉影，
常在我心中。

赞鹰
铁爪金翎双利眼，
只依松枝立高岩。
长空一日十万里，
雄姿英发冲霄汉。

马颂
四蹄奔腾雄风起，
耳聪目明矫健身。
成吉思汗离不了，
成全关公一世名。

访济宁太白楼诗一首
范某来齐鲁，得访太白楼。
仰慕诗仙久，一醉万里风。
虽隔千百载，神思可相通。
把酒啸明月，惊天动鬼神。
君舞青龙剑，我击战国钟。
回眸岱宗顶，青烟万古松。

学后生
我本学文人，
文章几多成？
先生实当学，
也应学后生。

从教有感
讲坛耕耘已十载，
银笔化雪梨花开。
无暇赏花计得失，
青春不悔雄心在。

学装裱

金秋云集化夷旗，
祥龙出山书画丽。
陋室明志吾德馨，
勇创伟业为人民。

读书会

三十八人齐读书，
妙语博识汇一炉。
互相启发铸情谊，
来年驰骋展宏图。

赠别诗

临别得君六百言，
字字情深动我心。
抚琴原向晓律者，
雄才大展待佳音。

风萧萧

风萧萧兮壮我行，
丈夫立世何所惧。
征途坎坷踩脚下，
大志在胸驰万里。

祝红歌会成功

曲曲红歌动春潮，
镰刀斧头阳光照。
庆祝建党九十年，
铁校明天更美好。

参观八路军纪念馆感怀

巍巍太行铁铜墙，
革命亲情胸中荡。
中华民族真英雄，
八路精神永传扬。

戒烟歌

烟草之害如烈火，谁人成瘾都是祸；
烟草之灾污水浊，一旦吸上身缠魔。
当年外寇贩鸦片，白银外流国民弱，
东亚病夫被人欺，奇耻大辱怎堪说？
如今烟草又泛滥，厂家商家花样多。
说什么品质高贵，说什么男人气派，
一派胡言把人骗，侵害健康才是真。
人人都要知烟害，全民戒烟好处多，
不容烟草害民族，每个公民亦有责。
有人抽烟为好奇，抽来抽去瘾难脱，
糊涂认为时髦事，害了健康结毒果。
有人抽烟为比阔，此念荒唐太可笑，
钱要用在正经处，利己利人可得乐。
有人难以抵诱惑，吸烟为了求快活，
这种想法最愚昧，烟鬼会把命来索。
有人借烟寻刺激，神经紊乱病变多，
好像吞下剧毒蛇，狂躁不安受折磨。

吸烟耗资数惊人，一年少说两三千，
打球游泳多快活，何必吸烟化烟波？
长期吸烟成病态，好似失魂又落魄，
烟瘾犯时打哈欠，眼泪乱流鼻涕拖，
五脏六腑易染病，好似内心有鬼魔。
当官吸烟生腐败，坏了身体难工作；
司机开车又吸烟，害人害己出车祸；
演员吸烟难登场，说不清话手哆嗦；
农民吸烟坏身体，庄稼荒芜顾不得。
商人吸烟多忘事，身体不好难挣钱，
学生吸烟心生魔，家长内心苦焦灼；
军人吸烟难扛枪，怎么保家又卫国？
医生吸烟失医德，烟瘾一犯事故多。
下定决心可戒除，命运本是自己握，
劝君莫要再吸烟，身体才是重要的。
如果真有戒除心，不妨现在就来做，
高高兴兴去烟瘾，找回健康大家贺。

六、小中见大，规范言行

寓言是用假托的故事或自然物的拟人手法来说明某个道理或教训的文学作品，常常带有讽刺或劝诫性质。《狐假虎威》《自相矛盾》《刻舟求剑》《掩耳盗铃》《拔苗助长》《亡羊补牢》等寓言，我们耳熟能详，因为故事虽短却富有教育意义，包含着深刻的道理。

　　一则好的寓言，首先要有一个简单通俗的故事，通过讲述精彩故事来达到说理的目的。古希腊《伊索寓言》中的名篇《农夫和蛇》，全世界的人几乎都知道，趣味盎然、新鲜活泼、可读性强，很吸引人。其次，一个简单明白的道理是寓言必不可少的组成部分，是寓言创作的灵魂，即使文化水平不高的人都能从中悟出道理。好寓言的寓意会随着读者的阅读进程而逐渐明晰。有些人对寓言有着一种错误的理解，就是觉得它太简单，是写给儿童看的。其实，无论孩子还是成年人，都可以通过阅读寓言明白世间的事理，规范自己的言行。

　　好的故事总具有很强的吸引力。我们每个人都不会忘记小时候缠着大人给自己讲故事的情景。听故事、读故事，让我们明白许多道理，影响我们的人格形成与言行的规范。《一事两说》提醒我们心境的重要性。《没有汽车不幸吗》告诉我们莫要在攀比中给自己挖陷阱。《做一个好的倾听者》说明耐心与换位思考的效果。《心灵的镜子》道出不健康的自我认知会影响人的判断。《有些事并不像它看上去那样》揭示出坚信付出总有回报的信念何其重要。《强者》说出强者的定义是对别人有帮助的人。《递减的奖励》教会人们柔和处理事情往往强于暴风骤雨的简单粗暴。《白痴学者》说明即使是白痴也有可能存在其独到之处。《脱掉脆弱的外套》说的是不要为不经意间的糗事而苦恼。《船长与海》让我们为甲船长的消极感到遗憾，为乙船长的积极而感奋。《来自草原的船长》鼓励我们心劲能改变命运。《窗外的世界》美妙之处在于看得见风景的人面对白墙也看得见风景。《做事有度》示意我们人得知足，当然，这里的知足并非是说一无所求，而是不可过于贪婪。《生命的价值》肯定了自信的力量。《绝症患者》讴歌了信念的胜利。读到这些故事而有所思考，是多么幸福的事情。

　　笑话人人爱听，它带给我们轻松与愉快。笑话让人发笑，主要源自夸张。但是，仔细想想，笑话是从生活中提炼出来的，有些事情真的让我们遇到过。有人笑过后有收获，有人不过是笑笑而已。

　　"小秘诀，大成功"选了一些名人名言，十分通俗易懂，主要是围绕知识与学习这一主题而选的。能够落实其中的几条就很不容易。能够领会道理付诸行动，你必定会走向成功。

　　"小诗歌，大志气"里的19首诗歌是范德峰的作品。虽然用了古典诗歌的形式，但内容都是现代的。涉及的方面较多，咏物、游览、读书、教书、告别等，是对学生的鼓励，也是他本人对自己的激励。

　　作业：小事情往往隐藏着大道理。讲述一件自己经历的小事，分析其中的大道理，总结自己的经验与应当吸取的教训，与同学交流，以促进自己规范言行，尽快成长。

第十二模块

12 读书篇

一、读老舍二题

1. 老舍的绿色陶醉

著名作家老舍（1899—1966）在描写济南的散文《一些印象》中写道："它们（水藻）知道它们那点绿的心事，它们终年在那儿吻着水皮，做着绿色的香梦。"普通人眼里不大注意的水藻，在老舍眼里焕发出生机，饱含人性，会亲吻，也会做梦。

上文写完的第二年，即1932年，老舍写齐鲁大学时，更把自己对"绿"的喜爱体现得淋漓尽致。"进了校门便看见一座绿楼，楼前一大片绿草地，楼的四周全是绿树，绿树的尖上浮着一两个山峰，因为绿树太密了，所以看不见树后的房子与山腰，使你猜不到绿荫后边还有什么。""一切颜色消沉在绿的中间，由地上一直绿到树上浮着的绿山峰，成功以绿为主色的一景。"（1932年《非正式的公园》）。真是一句一"绿"，满眼是绿，身边绕绿，心中染绿。古今中外几乎没有这样为文的。作文之奇，其实反映了他对大自然的热爱之深。

曾去过伦敦、巴黎、罗马的老舍，1936年在《想北平》一文中，满怀热情地说，想北平是因为想到"苇叶上的嫩蜻蜓"和"青菜、扁豆、毛豆角、黄瓜、菠菜"。苇叶与蔬菜无一不是绿色的。绿色连着祖国，绿色代表故乡，绿色是记忆的标志，绿色是自然的组成部分，也是人性流露的喷口。

我曾在青岛看见绿色的大海，细问一下那绿色是怎样的，便无从谈起。老舍在《五月的青岛》（1937年）里说："看一眼路旁的绿叶，再看一眼海，真的，这才明白了什么叫作'春深似海'。绿，鲜绿，浅绿，深绿，黄绿，灰绿，各种的绿色，联接着，交错着，变化着，动荡着，一直绿到天边，绿到山脚，绿到渔帆的外边去。"孔子曰：知者乐水。知即智，智者老舍眼里的绿不仅是多种多样的，而且与天空、大山、渔帆相联系，由此还悟出了"春深似海"的含义。我也喜爱水，但与老舍先生的体会相比可差很多。

在北京出生的老舍认为昆明比北京的自然景色好，首先是因为"昆明的树多且绿，而且树上时有松鼠跳动！入眼浓绿，使人心静"（1941年至1949年《滇行短记》）。路过四川青城山，他仍是被绿色所打动。"它的那一片绿色已足使我感到这是仙人所应住的地方了。到处都是绿，而且都是像嫩柳那么淡，竹叶那么亮，蕉叶那么润，目之所及，那片淡而光润的绿色都在轻轻地颤动，仿佛要流入空中与心中去似的。这个绿色会像音乐似的，涤清了心中的万虑"（1945年《"住"的梦》）。在内蒙古扎兰屯，令他心醉的又是绿色。"河岸是绿的。高坡也是绿的。绿色一直接上远远的青山。这种绿色使人在梦里也忘不了，好像细致地染在心灵里"（1961年《内蒙风光》）。

人类的生命因绿色而有所喜悦。即使老舍身在苦难岁月，绿色仍感动着他。绿色使生命陶醉，让新时代的老舍唱出欢乐的歌。老舍由自然的绿色获得了创作这些散文的灵感，自然的绿色就是老舍砚中的墨汁和钢笔中的墨水。

"采菊东篱下，悠然见南山。"陶渊明物我两忘不知是自己见了南山，还是南山见了自己。"春风又绿江南岸，明月何时照我还。"王安石在春风明月中也有几分恍惚。老舍若要问自己：是我置身于绿色，还是绿色浸染了我的心灵？恐怕一时也说不清。我们知道的是，绿色使老舍陶醉，老舍因绿色而快乐。世界永远不能失去绿色，有绿色才有人类的未来。

2. 重读《老舍散文选》

20世纪80年代，我读大学时，因为中学读过《济南的春天》，很是喜欢，在解放路书店碰上《老舍散文选》（1984年百花文艺出版社），且是冰心作序，售价仅一元二角，便毫不犹豫地买到手。后来好长一段时间没读完。2007年是老舍逝世41年，冰心与世长辞8年，不胜感慨之际，又从书架上抽出此书，在第一场春雨刚刚飘落并州的时候，展卷重读。

目录前的照片牢牢抓住了我。那是老舍先生于1965年4月在日本拍的黑白照。他正右手握着毛笔，左手按着纸，戴一副眼镜，系着领带，头微微斜着，聚精会神地写着什么。光线从他的右侧射来，四五道皱纹与五官比光线从正面照来更有立体感。凝望照片，谁能想到这位饱经沧桑、和蔼可亲、正直勤奋、幽默风趣的人民艺术家会在16个月后惨别人世呢？

书中共收录散文64篇，多是千字左右的短文，最合我不喜欢读长篇散文的习惯。或记述自己的爱好游历，或谈论接触过的人物、动物，文笔自然朴素，情感细腻真挚，每一行文字都让人见到他的真心，每一个片段都显出他不凡的文字功底。老舍逝世时，我不到三岁，老舍写的许多人，我辈只是曾闻其名或在读文章时才知道，但他写的一两句话立即能使我"见到"那人。宗月和尚"他穷，他忙，他每日只进一顿简单的素餐，可是他的笑声还是那么洪亮"。（《宗月大师》）凡读者谁没有看见宗月，白涤洲"什么都是他作，任劳任怨的作，会作，肯作，有力气作"。（《哭白涤洲》）何容"光明磊落使他不能低三下四的求爱，使他穷，使他的生活没有规律，使他不能多写文章——非到极满意不肯寄走，改、改、改，结果文章失去自然的风趣"。（《何容何许人也》）许地山"和谈笑话似的，他知道什么便告诉我什么，没有矜持，没有厌倦，教我佩服他的学识，而仍认他为好友"。（《敬悼许地山》）罗常培"不但要求自己把学生教明白，而且要求把他们教通了，能够去独当一面，独立思考"。（《悼念罗常培先生》）……时下一些被炒得成名的"作家"，或是在别的事情上有点名气却硬要写本书为自己"锦上添花"的人，怎么能与老舍先生相比？

　　热爱大自然，热爱动物，也是老舍向来的态度。《趵突泉的欣赏》后半部分撩起人们一睹泉城名胜的美好梦想。《大明湖之春》认为大明湖"明"在秋景，20世纪30年代大明湖的春天只有风沙与灰色。所幸的是，我于1998春天去看，却见到诗情画意、风光无限的大明湖。《我热爱新北京》《新疆半月记》《内蒙风光》《春来忆广州》等，文句平平常常，不以华丽辞藻修饰，流泻于老舍先生的笔端，深深打动了我，使我渴望去那些地方走走。

　　老舍的《小麻雀》写了一只幼雀左翅被人弄伤，又遭小猫袭击，仍然顽强地活下来，终于获救的过程。不禁使人想起屠格涅夫的散文《麻雀》，所写的是为救幼雀而勇敢地与猎犬搏斗的老麻雀。都是大师，都是对弱者不屈精神的赞颂，一样的感人至深。《母鸡》《狗》《猫》，虽写于40年乃至60余年前，但常读常新，令人回味无穷。

二、读鲁迅四题

1. 鲁迅赠日本友人的诗歌

　　我所见到的鲁迅先生80余首诗歌中，有20首是赠送日本友人的。除了给内山完造的《赠邬其山》作于1927年，其余都写在1931年至1934年。这一历史时期，日本军国主义侵略我东北、进攻上海等地，疯狂屠杀我同胞，并为发动更大规模的战争作准备。蒋介石不抵抗，助长了日寇的嚣张气焰，却疯狂地打内战，滥杀进步人士。此时此刻，鲁迅写诗赠予日本友人有着特殊的意义。

　　这些诗歌或忧国忧民，直接揭露中外反动派的罪恶；或敌友分明，赞扬反抗压迫的精神；或追怀往事，激励自己与同志同敌人斗争到底，表达了强烈的爱国主义思想。例如，日寇发动"一·二八"事变侵略上海，日本友人西村真琴在闸北三义里救起一只饥饿的鸽子带回日本饲养，"初亦相安，而终化去"。于是，西村与一些日本农民建塔纪念，命塔为"三义塔"。西村还绘了鸠图（日本人称鸽为鸠），请鲁迅题诗。1933年6月，鲁迅为西村作了《题三义塔》："奔霆飞熛歼人子，败井颓垣剩饿鸠。偶值大心离火宅，终遗高塔念瀛洲。精禽梦觉仍衔石，斗士诚坚共抗流。度尽劫波兄弟在，相逢一笑泯恩仇。"控诉了日寇狂轰滥炸的暴行，赞扬了日本友人的善心，表明了觉醒的中国人民誓与侵略者战斗到底的决心和对和平的美好憧憬。

　　从艺术性上讲，由于战斗的迫切需要，每首诗创作时间都较短，但鲁迅先生的情感表达有直抒胸臆、慷慨悲歌的效果；语言运用，则斟字酌句，一字千钧；风格上也非单一，多刚劲有力，但也不乏刚中带柔、机智幽默之作。如赠予坪井芳治医生的《答客诮》，诗云："无情未必真豪杰，怜子如何不丈夫？知否兴风狂啸者，回眸时看小於菟。"把英雄豪杰与迎风长啸的猛虎作比，将活泼可爱的孩子与初生的虎犊并提，语调自然，机智幽默，恢宏中见细腻，贴切而有力，反映了鲁迅刚毅中也带有柔情的性格。

2. 鲁迅与连环画

连环画在我国古已有之，但向来不受统治者与文人雅士的重视。五四运动后，西方的一些连环画被翻译介绍过来，吸引了一些美术青年从事连环画创作，但创作的人少、成果很少，且受到反动文人污蔑，说什么连环画里产生不了托尔斯泰、福楼拜，画连环画是低能者所为的事情，青年们犹豫彷徨了，甚至怀疑连环画能否算作艺术。为批判错误思想、消除消极影响，鲁迅先生从1932年到1934年，连续写了《"连环图画"辩护》《连环图画琐谈》等数篇文章，为连环画正名，证明连环画早已进入"艺术之宫"。画连环画可以产生达·芬奇、米开朗基罗那样的大画家，充分肯定了连环画突破单幅画只表现一瞬间场面的局限，把故事串连起来完整而生动地展现于读者面前。即使文化水平不太高也能看懂的优点，说明连环画是向工农大众传播进步思想的"利器"，这激发了艺术青年从事连环画创作的热情。

在具体创作实践上，鲁迅主张连环画要尽力贴近大众。比利时进步艺术家麦绥莱勒创作出木刻连环画，丰富了连环画的形式。鲁迅一向倡导木刻，也为麦氏的《一个人的受难》在中国出版作序，但他认为在当时的情况下，以木刻创作连环画，主要是印给知识分子看的，对广大群众则不适宜。他提倡艺术家应"竭力来作浅显易解的作品，使大家能懂，爱看，以挤掉一些陈腐的劳什子"。（《文艺的大众化》）"懂的标准，当然不能俯就低能儿或白痴，但应该着眼于一般大众"。（《连环图画琐谈》）旧的连环画大多是历史故事、民间传说，适合群众的欣赏习惯，然而其中也掺有宣扬封建伦理道德的糟粕。对此，鲁迅认为新的创作仍可取材于历史，仍用线描手法造型。"人物是大众知道的人物，但事亦不妨有所更改。旧小说也好，例如《白蛇传》就很好，但有些地方须加增（如百折不回之勇气），有些地方须削弱（如报私恩及为自己而水漫金山等）"，以充分发挥连环画的进步作用。

3. 鲁迅与美术

鲁迅先生不但是中国现代文学的奠基人，而且是现代美术的拓荒者。他虽未在美术院校学过绘画，也不曾专事美术创作，但他的一生与美术结下不解之缘，为我们留下了丰硕的精神遗产。

幼年的鲁迅即十分喜爱民间美术。六七岁时他对《老鼠成亲》等年画、剪纸倍感兴趣，后将得到的绘图《山海经》视为宝贝。搜集到《尔雅音图》《毛诗品物图考》《点石斋丛画》等画册，他便用"荆川纸"影写勾勒，这使他初步掌握了一些绘画技法，汲取了我国民间美术的营养。十二岁入三味书屋，读枯燥的蒙学课本之外，鲁迅热衷于影摹《西游记》等画本，以求得精神的愉悦。可惜的是，祖父入狱及父亲长病，鲁迅作为明事理的长孙长子不得不把心爱的影摹本换了钱以补家用。

1902年，鲁迅前往日本留学，日本帝国主义惨杀我同胞的幻灯片使他决定弃医从文。他说："而善于改变精神的是，我那时以为当然要推文艺。"1906年7月，鲁迅从仙台到东京与人合办《新生》，目的就是介绍外国文学与美术。办刊失败后，鲁迅痴心不改，继续介绍欧洲进步文艺。他在早期的论文《科学史教篇》中阐述了文学与艺术对人类社会发展的作用，其中谈到了文艺复兴时期的画家拉斐尔。在日八年，鲁迅广泛接触外国美术作品，学习研究美术理论、美术史，为他后来指导美术青年的创作打下了坚实的基础。

在北京期间，鲁迅曾任教育部社会教育第一科科长（后升为佥事科长），主管图书博物和美术事业。他写了《拟播布美术意见书》（此处"美术"一词指Art or Fine art，即艺术或绘画雕塑艺术），办美术展览，讲《美术略论》，旨在革新教育制度，提倡美育，发扬美术对于精神递变、道德感化、陶冶情操及革命救国的作用。1919年，鲁迅发表了谈美术的三篇随感录，要求中国的美术家应当具有进步的思想与崇高的人格，批判了盲目排外、热心内讧、反对新文艺的人物与作品。充满激情的短文，显示出一位思想家对现代美术的爱护与引导。而作为一位革命家，即便在离京前两个月，处于因支持"三·一八"惨案中的革命青年而遭段祺瑞政府通缉的困境，鲁迅毅然参观了司徒乔的画展，并买下揭露旧社会警察殴打穷人的《五个警察与一个孕妇》，表现了对进步青年美术家的支持鼓励及对敌斗争的不屈不挠。这张小幅的速写今天仍挂在阜成门鲁迅故居的墙上。

1926年8月，鲁迅到厦门大学任教。虽然只待了四个月，教学、写作本已十分繁忙，他还是用以前搜集的石刻碑碣拓片办了一次展览，以便于学生学习。踩着桌上的小凳布置展品，对于46岁、个子瘦小、身体又不好的鲁迅来说真是危险，但他就是这样实践着"俯首甘为孺子牛"的誓言。1927年1月，鲁迅到广州，9月离开，他编成了《朝花夕拾》。在集子的"后记"中，鲁迅彻底批判了宣传封建礼教的《二十四孝图》等绘画，也批判了当时儿童读物的插图中"往往将一切女性画成妓女样，一切孩童都画得像一个小流氓"的错误倾向。在《后记》的插图中，鲁迅亲自绘了一幅"活无常图"。

1927年10月后的十年，鲁迅在上海作为文化战线上反"围剿"的先锋，投入大量的精力与时间从事革命美术运动。他呕心沥血、奔走出资，出版画集、主办木刻讲习班、举办木刻展览、搜集中外原拓木刻，并撰写美术论文二十余篇，给美术青年写了二百余封信。特别是为了提倡现代木刻，鲁迅组成了第一个木刻团体、校阅了第一本《木刻创作法》、出版了第一册手拓木刻集、培养了一只全新的木刻创作队伍。直到1936年10月逝世前十一天，鲁迅仍抱病参观了全国第二届木刻展览，与曹白、黄新波、陈烟桥等进步木刻青年谈话长达三小时。

"从喷泉里出来的都是水，从血管里出来的都是血"。为了中国现代美术及木刻的萌芽成长，鲁迅先生献出了自己的热血。

4. 鲁迅热爱大自然

人们常常因为一人的某一面而忽视其另一面。在许多人的印象里，鲁迅先生总是以笔作刀枪忙于战斗，无暇留心大自然中的花卉树木、草虫翎毛。其实，从他的几篇文章中，我们可以看到鲁迅是非常热爱大自然的。

记事性散文《从百草园到三味书屋》是大家所熟悉的，一些人能背出其中的段落。"不必说碧绿的菜畦，光滑的石井栏，高大的皂荚树，紫红的桑葚；也不必说鸣蝉在树叶里长吟,肥胖的黄蜂伏在菜花上,轻捷的叫天子(云雀)忽然从草间直窜向云霄里去了。单是周围的短短的泥墙根一带,就有无限趣味。"因为那油蛉、蟋蟀、蜈蚣、斑蝥、何首乌藤、木莲藤、腊梅花乃至蝉蜕与蚂蚁,都是令人激动的。大自然不仅比书本上的"金叵罗,颠倒淋漓噫,千杯未醉嗬"有趣,而且是鲁迅热爱的对象,以至成人多年后那些儿时的记忆还是那般的新鲜,犹如昨天的耳闻目睹。

怀着同样的激情,鲁迅在即景抒情的散文诗《雪》中写道:"暖国的雨,向来没有变过冰冷的坚硬的灿烂的雪花。""江南的雪可是滋润美艳之至了。"由此跳跃到"青春的消息""处子的皮肤""山茶、梅花、杂草、蝴蝶、蜜蜂"等,真可谓是浮想联翩、细腻形象。"朔方的雪"更是活力四射,"使太空旋转而且升腾地闪烁"。作品热情洋溢地赋予了大自然个性。

更令我们惊异的是,鲁迅在400字的《腊叶》中,写了他在1924年的秋夜,在一株枫树前徘徊的情景。他在细看树叶的颜色:"他也并非全树通红,最多的是浅绛,有几片则在绯红地上,还带着几团浓绿。"观察何其细致。他摘下一片夹在刚买的《雁门集》里,因为那"一片独有一点蛀孔,镶着乌黑的花边,在红、黄和绿的斑驳中,明眸似的向人凝视。"这类举动一般是多愁善感的青春少年所为,事实上当时的鲁迅已是43岁的中年人。当然,鲁迅的这片叶子另有深意,但是并不是说他只顾战斗而不恋爱、只知为文而不爱自然。恰恰相反,鲁迅对自然是充满情感的。

至于《秋夜》里的枣树、栀子花,《希望》里的星月、蝴蝶、杜鹃鸟,《好的故事》里的乌桕、新禾、野花,《藤野先生》里的樱花,《一觉》里的野蓟、林莽,《朝花夕拾小引》里的菱角、罗汉豆等,同样反映了大自然对鲁迅的影响,以及鲁迅对大自然的深情。

鲁迅爱自然,因为他爱生命、爱生活、爱人类。我们爱鲁迅,也应该爱哺育了鲁迅、给鲁迅以灵感的大自然。

三、读冰心二题

1. 深受泰戈尔影响的冰心

印度文豪泰戈尔(1861—1941)对郭沫若、郑振铎、徐志摩、王统照等"五四"前后登上文坛的诗人、作家产生过不同程度的影响,而冰心所受泰戈尔的熏陶和启发则更为巨大久远。

泰戈尔作品中对人生的思考、对自然的深情、对妇女儿童的关注、对祖国家园的热爱、对人类理想的赞美,引起了冰心强烈的共鸣。早在冰心20岁时所写《遥寄印度诗人泰戈尔》一文中,她即动情地写道:"泰戈尔!谢谢你以快美的诗情,救治我天赋的悲感。"当冰心读过泰戈尔的《飞鸟集》(创作于1916年),她仿用其形式,将自己"零碎的思想"写出,于是"充满了诗情画意和哲学的三言两语"最终汇成了《繁星》与《春水》。泰戈尔说:"月儿呀,你在等候什么呢?向我将让位给他的太阳致敬。"(郑振铎译《飞鸟集》)冰心道:"繁星闪烁着——深蓝的天空,何曾听得见他们对语?沉默中,微光里,他们深深的互相颂赞了。"(《繁星·一》)泰戈尔云:"我们的生命是天赋的,我们唯有献出生命,才能得到生命。"冰心曰:"什么是播种者的喜悦呢?倚锄望——到处有青春之痕了!"(《春水·九十四》)泰戈尔以杰出的诗作在当时的世界浪漫主义诗坛树起一座里程碑,深受热爱和平友谊的世界人民的欢迎。冰心则以《繁星》《春水》等作品跃上了中国文坛,成为"新文艺运动中的一位最初的、最有力的、最典型的女性诗人"。并且从1955年到1981年又翻译了泰戈尔的《吉檀迦利》《园丁集》及部分剧作、小说,受到我国人民特别是广大青年的尊重与喜爱。

2. 冰心是大自然的女儿

女作家冰心(1900—1999)最初是以诗人而闻名的。她最早的诗集《繁星》与《春水》都是以大自然中的事物来命名。这一点毫不奇怪,因为冰心崇敬的泰戈尔十分热爱大自然。就连冰心这个笔名也是自然的。仔细阅读这两本诗集,你必定会情不自禁地发出这样的感叹——冰心是大自然的女儿。

《繁星》共有164首小诗,几乎每一首都或多或少地涉及自然。第一首诗云:"繁星闪烁着——深蓝的太空,何曾听得见他们对语?沉默中,微光里,他们深深的互相颂赞了。"星星、天空、微光,都是自然的事物。可见,没有自然,就没有以自然形象写诗的冰心写出这样的诗作。

接下去更是"冰心与自然齐飞"。"残花缀在繁枝上;鸟儿飞去了,撒得落红满地——生命也是这般的一瞥么?"这是由"残花""飞鸟"而引发的对"生命"的思索。"生离——是朦胧的月日,死别——是憔悴的落花。"那是"月日""落花"与"生离""死别"的关系。还有"玫瑰花的刺""阳光穿进石隙里""海波、山路、灿烂的晚霞""轨道旁的花儿和石子""横海的燕子""春天的早晨""菊花的顶子"等,缺了这一切,不可能有《繁星》;少了这一切,冰心用什么写《繁星》?

《春水》也是一样的。182首诗无不与自然有更密切的关系。"一道小河"可以激动冰心的心。"青紫的山峰"是不能不写的。"南风吹了""弦声近了""冰雪的梅花""平凡的池水"等,都是入诗的材料。《春水·十四》则直接写道:"自然唤着说:将你的笔尖儿,浸在我的脑海里罢!人类的心怀太枯燥了。"是的,有些人的心灵实在苍白、乏味,大自然中的许多事物才是美好的,丰富了一般人的心灵,带给诗人创作的灵感。

对于大自然,冰心有无限的热爱。因为爱得太深,有时生怕自己对自然产生错误的理解。她说:"自然呵!请你容我问一句话,一句郑重的话,我不曾错解了你么?"(《繁星·四十四》)有时,她甚至感到人类手中的笔,简直无法描绘出大自然中看似简单的一景。她说:"造物者呵!谁能追踪你的笔意呢?百千万幅图画,每晚窗外的落日。"(《繁星·六十五》)多么复杂而真挚的感情。

冰心认为大自然是人类的母亲。我想,我们在大自然面前应该永怀赤子之心,像尊敬和热爱自己的生身母亲那样去对待大自然。

四、安徒生的童真、诗情、哲理

上小学时，我听到安徒生的第一个童话就是《海的女儿》。那还是在20世纪60年代"文革"时期，"红宝书"几乎充满了书店，社会上公开场合见不到这类美丽的故事。但姐姐在藏书较多的邻居家看过此前出的《安徒生童话选集》，回家便讲给我。"小人鱼勇敢地喝下巫婆的药，觉得像刀扎一样疼，她昏了过去，醒来后高兴地发现鱼尾巴不见了，她变成了美丽的女孩……快杀死他！快动手吧！
杀了他，你还能活300年，美人鱼的姐妹向她喊着。太阳就快出来了，可是美人鱼不忍刺死王子，她扔掉刀子，变成了冰冷的泡沫。"姐姐讲完后哭出声来，我同情美人鱼的同时却说："王子都是小地主，是反动派，杀了他就好了。"

上中学时，"文革"结束了，在英文阅读材料中我又读到了《海的女儿》，才理解了"王子"这一形象。美人鱼渴望变成人，这里的"人"是以和蔼可亲、文雅有礼、英俊潇洒的"王子"为象征，怎么能把他看作封建社会的"皇太子"、旧社会的"小地主"？

在大学的外国文学课上，薛夏原老师专门讲了安徒生，要求课后阅读《海的女儿》。再次阅读这篇完成于1837年的作品，看着《中国大百科全书·外国文学》中哥本哈根郎格宁海滨美人鱼塑像的照片，我又一次被这篇色彩瑰丽的童话深深地感染。现实社会的成年人不一定都会像美人鱼那样，但童真世界是不容杀戮、残暴、自私、丑恶所玷污的，否则人的尊严与价值将不复存在。安徒生正是把个人的理想、丹麦人民的理想、全人类的理想诗意般地寄托在美人鱼身上。

海的女儿经受了煎熬、失去了嗓音才具备了人的"躯体"，但要变为真正的人还得拥有一般动物所没有的"灵魂"。人之为人正在于具有宝贵的"灵魂"。意志坚强、有追求、有理想、善良美丽的海的女儿，为了这个理想宁肯牺牲自己。"人"本身是否总能意识到这一点？这是汉斯·克里斯蒂安·安徒生天真朴素的激情与富有沉思的哲学脾性在《海的女儿》中的流露，也是他向每一个人提出的、值得长久思索的问题。

五、海明威不能打败的精神

米勒·海明威（1899—1961）于1952年发表了中篇小说《老人与海》，引得一时间洛阳纸贵。1954年，瑞典科学院因该作品授予他诺贝尔文学奖。由于迷恋钓鱼，他忙得没空去领奖，只写了篇讲演稿委托美国驻瑞典大使代为宣读，另外发了一份感谢电算是了事。

《老人与海》的主人公桑提亚哥可没有那么潇洒。老人要靠捕鱼为生。一连48天没有捕到什么鱼，他再次下海了。

经过一番苦斗,他的手受了伤,终于捕到一条几乎与他的船一样大小的鱼。"我还能捕到鱼,"他对自己说,感到非常高兴。不料,归途中一条巨大的鲨鱼盯上他的收获物,张开八排牙齿的巨口连连咬来。他不得不与鲨鱼搏斗。待鲨鱼翻了肚皮,他捕到的鱼已被吃掉大约40磅肉。别的鲨鱼又来了。他抓起桨、舵当武器又是一番搏斗。当他把大鱼拖上岸时,鱼只剩下一副骨架。结局虽然如此,但是,桑提亚哥这个形象与小说中的一句名言却被人们记住了:一个人并不是生来要给打败的,你尽可以把他消灭掉,可就是打不败他。

《老人与海》不仅讲了一个动人的故事,海明威的艺术风格亦为人赞扬。看似平淡的叙述,都经过苦心琢磨。记者出身的文笔简洁、明快、清新。细腻的过程描写总扣人心弦。呈现于读者面前的只露出冰山的一角,大块的冰山沉于水中。

其实,海明威就是桑提亚哥,大鱼、鲨鱼、大海就是收获、厄运、世间。人不一定都能成为人杰,但应当努力去成为"硬汉",敢于接受命运的挑战,面对挫折而坚韧不拔。这正是人们喜欢海明威的原因。

六、卡夫卡,犁破现实的伪装

大地似乎毫无伪装,其实不然,落叶、雪花、沙尘、雾霾覆盖其上时,就看不清真面目了。"乱花渐欲迷人眼"说的正是这个道理。人与社会亦如此。生于其中有时会看错、遭受蒙蔽、认识不清楚、习以为常、见怪不怪。卡夫卡则如一把锋利的犁铧插入现实的土壤,呼呼呼一路深翻,那些暴露出来的东西会令人大吃一惊。

奥地利小说家弗兰茨·卡夫卡,(1883—1924)写过若干长短篇,为人谈论最多是发表于1912年的短篇《变形记》。一天早晨,要养家糊口的旅行推销员格里高尔,从不安的梦中醒来,发现自己不能起床、上班,而是变成了一只巨大的、背有硬壳的、多足的甲虫。他仍有人的思维和声音。公司来人催他被吓了一跳。妹妹喂他点吃的。他在屋子里上下乱爬。父母两周不敢见他。他还想着攒钱供妹妹上音乐学院。一天凌晨三点半,他孤独地死去。家人处理了尸体后外出旅行。旅途结束时,他妹妹舒展于几下充满青春活力的身体。

怪诞的形象、晦涩的象征、荒诞的情节、模糊的现实与非现实的界限,似乎使人难以理解。但是联系欧洲一战前夕的社会危机、国家关系扭曲、经济政治文化导致人的异化,以及卡夫卡小时候有一个暴君般的父亲等事实,对《变形记》的意义就相对好懂一些。卡夫卡至少揭了三点:人的异化(离开本质走向反面)、人的淡漠与孤独(各顾各的缺乏温暖)、人的灾难感(特别是小人物的不堪一击)。

七、抄读纪伯伦的《先知》

书可以默默地看,或是读出声来看,还可以边看边抄地读。20世纪80年代,我抄读过一本纪伯伦的《先知》。

散文诗作家纪伯伦，（1883—1931），生于黎巴嫩北部省见什里。在贝鲁特学过阿拉伯文。曾去法国学习，受到过雕塑大师罗丹的奖掖。12岁至14岁，去过美国波士顿。28岁重返美国，长住纽约长岛至逝世，活了不到50岁。他25岁时用阿拉伯文发表的小说《叛逆的灵魂》，遭到黎当局的禁焚。到美国后用英文创造性地写了一系列散文诗，被译成多种文字在全世界流传。1923年发表的《先知》是他的代表作。早在1931年就由冰心译成中文介绍到我国。我读的正是这个本子的重版。

兼有东方哲思与西方逻辑，结合独特的经历与艺术的感悟，纪伯伦的《先知》以智者临别赠言的形式，同读者谈论工作、婚姻、衣食、居室、时光、逸乐、善与恶、罪与罚、悲与喜、生与死、道德与法律、理性与热情、美丽与丑恶、宗教与自由等平常或不平常的人生与社会问题。说这类话题有人往往故作深沉状，甚至眯缝几次眼睛、用手托托下巴、绷绷面孔、咳嗽几声，一字一顿才能把一段话讲完。纪伯伦则全然不是。他的语言明快清丽、娓娓动听、令人激动，在阅读中透过文字能看到他的表情和蔼可亲。我读着读着不由地抄起来。

"美是永生揽镜的自照。但你就是永生，你也是镜子。"（《美》）"逸乐是一阕自由的歌，却不是自由。是你的愿望开出的花朵却不是结下的果实。"（《逸乐》）"假如他真是大智，他就不命令你步入他的智慧之堂，却要引导你到你自己的心灵门口。"（《教授》）"不要说我找到了真理。只要说我找到了一条真理。"（《自知》）"如同那在海滨游戏的孩子，勤恳地建造了沙塔，然后又嬉笑地将它毁坏。"（《法律》）就这样，一段段抄下去。在32开的本子上，我抄了78页，终于抄完了《先知》。这个手抄本至今置于我的书架上。每次翻阅都能想起抄录的情景，看到纪伯伦的笑脸，怀着希望走向明天。

八、杰克·伦敦的《热爱生命》

一个在阿拉斯加的淘金者扭伤了脚，被同伴抛弃，独自行走在茫茫荒野上。他的目标是前面藏有食品和子弹的地窖。饥寒交迫的他跌跌撞撞，大脑出现幻觉，梦见酒肉宴会，夜里却被饿醒。有鹿从眼前跑过，枪里已没有一颗子弹。他觉着有蛆虫啃自己的脑髓。熊的咆哮使虚弱的他振作起来。六天六夜，他只吃到三条小鱼和一些草根。不远处，一头病狼跟上了他。狼的双眼布满血丝、昏淡无光却直勾勾盯着他。狼舐着他留在石子上的血迹。他再也爬不动了。狼走过来舐舐他，用牙扣住他的一只手正在咬下去，他用另一只手摸过来抓住了狼。人与狼扭打在一起。他用尽最后一丝力气咬住了狼的咽喉。半小时

后,他觉着一股液体滚入喉咙。这就是杰克·伦敦(1876—1916)写的短篇小说《热爱生命》所讲的故事。

《热爱生命》发表于1906年。那个当过童工、流浪汉、淘金者的杰克·伦敦已经成了著名作家。此时此刻,他随便写点什么都能卖个好价钱,可他没有那样做。他尽量按生活原貌,适当糅入浪漫主义成分,以粗犷刚健、朴素真实的风格,塑造了一个意志刚强、有强烈求生欲的形象。这一点在今天看来仍是可贵的。让每一个读过或未读过这篇小说的人热爱生命吧——面对饥饿、寒冷、恐怖、死亡,咬紧牙关、竭尽全力、坚持到底,也许最后还有希望。

九、斯威夫特:剥掉"文明人"的外衣

如果说莎士比亚借哈姆雷特之口,对于"人世的鞭挞和讥嘲、压迫者的凌辱、傲慢者的冷眼、被轻蔑的爱情的惨痛、法律的迁延、官吏的暴横"等的批判,属于罗丹雕塑"思想者"式的思考;那么,斯威夫特的《格列佛游记》则是对"文明人"的漫画式讽刺、犀利的驳斥、痛苦的决裂。

格列佛于1699年5月4日出海,经过16年7个月,游历了利立浦特(小人国)、布罗卜丁奈格(大人国)、飞岛、马国,亲眼所见并参与了许多"文明人"眼里怪诞的事情。仔细一想,那些矛盾与丑恶远不及"文明人"曾经做过的或正在做的。小人国官吏的选拔是看绳上跳舞的技艺、文件的开头要写"皇帝至高无上与万世拥戴"、政敌以鞋跟高低区分、相信死人会在一万一千个月后复活、因嫉妒随便给人捏造叛国罪和其他罪行等,揭露的作者当时遭遇的英国统治者的某些作为。

在大人国,国王几次召见格列佛,谈论欧洲与英国风俗、宗教、法律、政府、学术等,格列佛听罢介绍惊讶地发现,许多大事只不过是一大堆阴谋、叛乱、暗杀、屠戮、流放,都是贪婪、伪善、残暴、卑鄙和野心结出的恶果。

飞岛统治者奴役本国人民和殖民地人民的丑恶行径、马国上的"耶胡"们的丑陋龌龊、好吃懒做、吮吸草根的恶习、为了争夺石头的搏斗等,也是对"文明人"的绝妙讽刺。

整部小说在提醒人们,愚昧、狭隘、野蛮、自私等都应当克服。人类可以更加文明,也应当更文明一些。

十、《父与子》里可爱的父亲

堪称经典的书籍,总是让人读了还想读,看见新版本就想买。德国漫画家卜劳恩的代表作《父与子》便是其中之一。

我先是买来过黑白大开本的《父与子》阅读。有了孩子,看到彩色小开本的《父与子》,封面上那对熟悉的活宝正踩着一段护栏玩耍。便不假思索又买下来。与孩子一张一

张翻着书,总被引得笑出声来。

一部名著产生的巨大磁性能够强烈地吸引全世界的读者,值得称道的地方有很多。对于不同的读者,又有不一样的吸引点。《父与子》让我特别兴奋之处有两点最为突出。一是我觉得其独具风格的漫画形式与普通读者之间没有距离。二是其内容塑造的父亲形象实在风趣可爱。

与当代借助电脑绘制的精美漫画相比,卜劳恩在20世纪30年代完全出于手绘的《父与子》就显得粗糙多了。但是,这种质朴清新的画面恰恰最接近生活本身。真善美是艺术永恒的标准,三者之中真排在首位。《父与子》中这对父子的穿着打扮、所处的生活环境、玩的玩具与见到的人物事物等,一切都是现实中的样子。这就大大缩短了本书与读者的距离。日本一些漫画里的美少女、龙猫,美国漫画里的变形金刚、外星人,离我们太远了。《父与子》让我感到我就好像那个"父",我的孩子就像那个"子"。读这种书我感到舒服亲切、津津有味。

更值得欣赏的是《父与子》中父亲的形象十分有趣可爱。德国以外的人对德国人的第一印象普遍是严肃刻板,《父与子》中的父亲却打破了我们对德国人的看法。这个父亲没有整天绷着脸不苟言笑,而是比较轻松随和、幽默风趣。他在书里上演了一幕幕"幽默剧"——他因为替儿子写的作业太差,被老师打了屁股。去叫儿子吃饭,自己趴在地上看起书来,又让儿子来叫。他趴在地上让儿子当马骑。汽车出了故障,他当成滑板车去追儿子。儿子来告状,他和那位家长打起来的时候,两个孩子已经开心地玩儿上了。他与孩子一同大运动量地锻炼身体,竟能一只手举起孩子,不料孩子突然将他举起。把孩子倒栽葱顶在头上照相,结果照片上谢顶的他长出了头发,蛮帅的。他表演节目哄儿子睡觉。他与儿子扮成兔子混入兔群拍摄兔子的活动,与兔子合影。他用猎枪把葡萄干射入蛋糕。虽略有些夸张的成分,但这样的父亲哪个儿子不喜欢?简直就是个老顽童。只要能和自己玩耍,让自己开心,孩子才不管父亲的职业、地位、党派、宗教、俊丑呢。事实上,读者真的不知道漫画上的父亲是做什么工作的,一个月挣多少钱,在社会上是个大人物还是小人物。长得不够英俊倒是一眼就能看出来。就是这样一个并不十分完美的父亲,却能和孩子一起快快乐乐地游戏、玩耍、活动,能让孩子充分展现天性而不随意苛责,能和孩子一同为胜利欢呼或坦然接受失败。这位父亲真是可爱至极。

作业: 阅读几本名著,记录读后感。